D1541337

A L'ORÉE
DE LA FORÊT VIERGE

DU MÊME AUTEUR

AUX ÉDITIONS ALBIN MICHEL

Ma vie et ma pensée.
Souvenirs de mon enfance.
La Paix ou la guerre atomique.
La Mystique de l'apôtre Paul.
Le Secret historique de la vie de Jésus.
Vivre.

CHEZ D'AUTRES ÉDITEURS

Les Grands Penseurs de l'Inde (Éd. Payot).
Les Religions mondiales et le christianisme (Éd. Âge d'homme).

ALBERT SCHWEITZER

A L'ORÉE
DE LA
FORÊT VIERGE

RÉCITS ET RÉFLEXIONS D'UN MÉDECIN
EN AFRIQUE ÉQUATORIALE FRANÇAISE

NOUVELLE ÉDITION

Albin Michel

© Éditions Albin Michel, 1952.
22, rue Huyghens, 75014 Paris

ISBN 2-226-07865-7

Aux amis, disparus ou vivants,
qui m'aidèrent à fonder mon œuvre,
je dédie ce livre
en témoignage de ma profonde reconnaissance.

PRÉFACE

Dans ce livre, dont la première édition a paru il y a plus de vingt-cinq ans, je relate l'histoire de mon premier séjour à Lambaréné, de 1913 à 1917. Mon hôpital s'élevait alors sur un terrain de la Mission protestante qui avait été mis à sa disposition. Dans les années suivantes, l'afflux des malades fut tel qu'il s'y trouva bientôt à l'étroit, et en 1925 je me vis obligé de le transporter quelques kilomètres en amont sur un emplacement plus spacieux, qui est devenu aujourd'hui sa propriété. Sur ce nouveau site, l'hôpital a pris l'aspect que dans ses traits essentiels il a conservé jusqu'à aujourd'hui, seules quelques nouvelles constructions sont venues s'ajouter à celles qui furent élevées entre 1925 et 1927.

Aujourd'hui l'hôpital comprend 45 bâtiments. Il permet de loger vingt malades blancs et trois cent cinquante malades indigènes, sans compter les personnes qui les accompagnent. Au cours des ans, ses installations et son aménagement ont été complétés et considérablement améliorés. Trois médecins, huit infirmières européennes et dix infirmiers indigènes y travaillent en temps ordinaire.

Ce livre a déjà quelque peu le caractère d'un document

historique. Il évoque les conditions qui existaient au Gabon avant et pendant la première guerre mondiale. Depuis cette époque, beaucoup de choses ont changé dans ce pays.

Autrefois, les transports par terre se faisaient par caravanes de porteurs sur les sentiers de la forêt vierge. Aujourd'hui, celle-ci est traversée par quelques routes accessibles aux automobiles et d'autres sont en construction. Jadis seuls les bois à proximité de l'eau pouvaient être exploités. Aujourd'hui de puissants tracteurs transportent les billes sur des voies Decauville ou sur la route par monts et par vaux jusqu'au fleuve. Le nombre des colons a triplé, celui des fonctionnaires, tant blancs qu'indigènes, a augmenté dans la même proportion. La forêt n'est plus le seul objet d'exploitation, les richesses du sous-sol en minerais, pierres précieuses et autres matières le sont également.

Des écoles entretenues par l'administration sont venues s'ajouter en grand nombre aux premières écoles fondées par les missions. Tout l'enseignement a été organisé de façon uniforme par le gouvernement. Le niveau des études des élèves indigènes est beaucoup plus élevé qu'autrefois. Des examens et des concours, copiés sur ceux de la métropole, ont été introduits pour contrôler les résultats et opérer la sélection entre les meilleurs, les bons et les médiocres.

Les relations avec l'Europe ne sont plus assurées seulement par l'unique paquebot mensuel. Aujourd'hui, les avions transportent passagers et courrier en vingt-quatre heures de la métropole à la colonie et vice versa.

Malgré ces changements et ces progrès nombreux, les pro-

blèmes fondamentaux tels qu'ils existaient autrefois, subsistent cependant encore aujourd'hui. Leur solution n'a guère avancé ; sous certains rapports, elle est même devenue plus difficile.

Le premier est celui du ravitaillement. Une saine économie exigerait en effet que le pays produise lui-même les vivres nécessaires pour nourrir sa population ; il en est aujourd'hui moins capable qu'autrefois. Les plantations des villages ne suffisent pas, et de loin, à faire vivre toute la population indigène du pays, y compris les habitants des agglomérations importantes et le personnel des différentes entreprises européennes. Il faudrait que les indigènes se consacrent davantage à l'agriculture. Ils ont au contraire tendance à déserter la terre, comme aussi l'artisanat. Plus que par le passé, nous dépendons des importations de vivres, surtout de riz. Pour différentes raisons, ces importations ne se font plus aussi régulièrement ni aussi abondamment qu'autrefois. Trouver des vivres en quantité suffisante pour les malades de l'hôpital me donne plus de soucis que jamais. Tous les chefs d'entreprise se trouvent, en ce qui concerne le ravitaillement de leurs travailleurs, dans la même situation.

La solution du problème de la main-d'œuvre aussi est aujourd'hui plus difficile que jadis. Les travaux nécessaires pour le développement de la colonie exigent une main-d'œuvre plus abondante qu'autrefois, et on doit se familiariser avec l'idée de faire venir comme travailleurs des indigènes d'autres territoires africains.

Le problème des relations entre blancs et indigènes n'a pas changé dans ses données fondamentales. Il ne peut recevoir une solution définitive que si nous arrivons, par l'estime que nous nous témoignons réciproquement et par la façon dont nous nous comportons les uns envers les autres, à établir de vrais rapports spirituels entre les deux groupes. Toutes les autres entreprises, de quelque nature qu'elles soient, ne sont que des tentatives d'une solution par l'extérieur, qui compliquent le problème plutôt qu'elles ne le simplifient.

A l'époque décrite dans ce livre, nous avions le droit de nous sentir vis-à-vis de l'indigène dans la position du frère aîné, qui veut le bien de son cadet et qui, par son instruction et son intelligence, est à même de juger quels facteurs sont les plus favorables à son développement et à son progrès véritable, et nous pouvions nous conduire en conséquence. Nous n'étions pas quelques isolés qui avions cette conviction et cette attitude mentale et qui nous efforcions d'agir en conformité avec elles dans les colonies, mais nous étions le grand nombre : gouverneurs, administrateurs de colonies, missionnaires, médecins, exploitants forestiers, commerçants, colons de tout genre. Avec fierté nous pouvions constater que les plus sensés et les plus clairvoyants parmi les indigènes voyaient en nous les frères aînés et reconnaissaient que nous voulions leur bien et sa réalisation par les voies justes. Témoin des efforts de cette époque, j'ose affirmer que nous avons obtenu au cours de ces années des résultats non seulement dans le domaine économique, mais aussi dans celui des relations humaines et spirituelles entre les indigènes et nous. Des rapports basés sur une confiance mutuelle étaient en traïn de se créer. Malgré toutes les insuffisances dans les résultats, malgré toutes les négligences qui se sont produites, malgré toutes les erreurs qui ont été commises, nous avions conscience d'être sur la bonne voie.

Maintenant nous devons nous résigner à ne plus nous sentir comme les frères aînés et à ne plus agir comme tels. D'après l'opinion qui prévaut aujourd'hui, l'avènement de l'ère du progrès ne peut se faire qu'à condition que le frère cadet soit considéré comme majeur et capable de discernement au même titre que le frère aîné, et que les indigènes prennent de plus en plus les destinées de leur pays en mains. Ainsi en a décidé l'esprit de l'époque. En toute chose et sur toute la terre, il veut supprimer ce qui reste d'un système patriarcal pour mettre à sa place un système non-patriarcal, difficile à définir et plus difficile encore à réaliser.

L'histoire un jour prononcera son jugement sur les résultats obtenus par cet abandon du système patriarcal dans les territoires qui autrefois s'appelaient les colonies et qui aujourd'hui ne doivent plus porter ce nom. Les événements qui constituent le cours de l'évolution historique sont pour leurs contemporains insondables dans leurs origines et incalculables dans leurs effets.

Ainsi cette relation de mon premier séjour à Lambaréné prend figure d'un modeste monument dédié à l'époque où les colonies étaient encore les colonies.

Lambaréné, le 15 décembre 1951.

ALBERT SCHWEITZER.

I

COMMENT JE DEVINS MÉDECIN
DANS LA FORÊT VIERGE

J'ÉTAIS professeur à l'Université de Strasbourg, organiste et
écrivain ; j'ai tout quitté pour devenir médecin en Afrique équatoriale. Pourquoi ?

Divers écrits et des témoignages oraux de missionnaires
m'avaient révélé la misère physique des indigènes de la forêt
vierge. Plus j'y réfléchissais, plus j'avais peine à comprendre
que nous, Européens, fussions si médiocrement préoccupés
de la grande tâche humanitaire qui nous incombe en ces
lointains pays. Il me semblait que la parabole du mauvais
riche et du pauvre Lazare s'applique fort bien à nous. Le
riche, c'est nous. Les progrès de la médecine ont mis à notre
disposition un grand nombre de connaissances et de moyens
efficaces contre la maladie et la douleur physique ; et les

avantages incalculables de cette richesse nous semblent chose toute naturelle. Le pauvre Lazare, c'est l'homme de couleur. Il connaît autant et même plus que nous la maladie et la souffrance, et il n'a aucun moyen de les combattre. Nous agissons comme le mauvais riche, dont l'insouciance vis-à-vis du pauvre assis à sa porte était un péché, parce qu'il ne se mettait pas à la place de son prochain et ne laissait pas parler son cœur.

Les quelques centaines de médecins que les Etats européens entretiennent officiellement dans les colonies ne peuvent accomplir, me disais-je, qu'une part infime de cette tâche immense, d'autant plus que la plupart d'entre eux sont destinés avant tout aux colons blancs et aux troupes. C'est notre société civilisée, comme telle, qui a le devoir de faire sienne cette tâche. L'heure doit venir où des médecins volontaires, envoyés par elle en nombre suffisant et soutenus par elle, iront au loin faire du bien aux indigènes. Alors seulement nous commencerons à reconnaître et à réaliser notre responsabilité de civilisés à l'égard des hommes de couleur.

Ces réflexions m'émurent au point que je décidai, à l'âge de trente ans, d'étudier la médecine pour tenter moi-même là-bas la réalisation de mes idées. Au début de 1913 je conquis le grade de docteur en médecine. Au printemps de la même année, accompagné de ma femme qui avait fait son apprentissage d'infirmière, je partis pour l'Ogooué, en Afrique équatoriale, afin d'y commencer mon activité.

J'avais fixé mon choix sur cette région parce que des missionnaires alsaciens, établis là-bas au service de la Société des Missions Evangéliques de Paris, m'avaient dit qu'un médecin y serait fort nécessaire, surtout à cause de l'extension que prenait la maladie du sommeil. La Société des Missions se déclara prête à mettre à ma disposition un des bâtiments de sa station de Lambaréné et me permit de construire un hôpital sur son terrain.

Je dus cependant réunir moi-même les fonds qu'exigeait mon entreprise. J'y consacrai le gain réalisé par mes concerts d'orgue et par la publication en trois langues de mon ouvrage sur Jean-Sébastien Bach. Le Cantor de Saint-Thomas à Leipzig a donc contribué pour sa part à la création de l'hôpital destiné aux noirs de la forêt vierge. Des amis d'Alsace, de France, d'Allemagne et de Suisse me vinrent également en aide par leurs dons. Quand je quittai l'Europe, l'existence de mon œuvre était assurée pour deux ans.

J'agissais donc en symbiose — pour me servir d'un terme de biologie — avec la Société des Missions Evangéliques de Paris. Mais mon œuvre était en elle-même supraconfessionnelle et internationale. J'étais et je demeure convaincu que toute tâche humanitaire en terre coloniale incombe non seulement aux gouvernements ou à des sociétés religieuses, mais à l'humanité comme telle.

J'abandonnai le soin de la comptabilité et des achats de matériel à des amis dévoués de Strasbourg. La Société des Missions Evangéliques de Paris se chargea d'expédier mes caisses avec celles destinées à ses missionnaires du Gabon.

Quelques mots sur le pays où j'allais habiter. Le territoire de l'Ogooué fait partie de la colonie du Gabon. L'Ogooué est un fleuve long d'environ 1.200 kilomètres. La boucle qu'il décrit en coulant du sud vers le nord et ensuite vers l'ouest ressemble à celle du Congo. Bien que bien plus petit que celui-ci, il n'est pas moins un cours d'eau important. Dans sa partie inférieure, il a un à deux kilomètres de largeur. Son cours, sur les derniers 200 kilomètres, se divise en plusieurs bras qui se déversent dans l'Océan Atlantique près du cap Lopez. Les grands vapeurs fluviaux remontent jusqu'à N'Djôlé, à un peu plus de 350 kilomètres de la côte. Plus loin s'étend le pays de collines et de montagnes qui conduit aux hauts plateaux de l'Afrique centrale. Des séries de rapides alternent avec des parties navigables ; aussi la navigation n'y est-elle possible que pour de petits vapeurs à hélice, spécialement construits pour le passage des rapides, et pour les pirogues des indigènes.

Dans la région du cours moyen et supérieur de l'Ogooué, les savanes alternent avec les forêts ; dans son cours inférieur, dès N'Djôlé, on n'aperçoit qu'eau et forêt vierge.

Ces terrains bas et humides conviennent bien à la culture du caféier, du poivrier, du cannelier, du vanillier et du cacaoyer. Le palmier à huile y prospère également. Cependant les Européens ne s'occupent principalement ni des plantations, ni de la cueillette du caoutchouc dans les forêts vierges, mais du commerce des bois. L'Ogooué offre le grand avantage de déboucher dans un golfe pourvu d'une rade excellente et qui n'a pas de barre. Cette circonstance présente pour la côte occidentale de l'Afrique, si pauvre en bons ports et notamment en ports où aboutissent des fleuves, des conditions exceptionnellement favorables à l'embarquement des bois. Les grands radeaux peuvent accoster les vapeurs sur lesquels ils seront chargés, sans risquer d'être disloqués et dispersés par la barre ou par les grosses lames. Le commerce des bois restera donc longtemps encore le principal trafic de cette région.

La pomme de terre et les céréales malheureusement n'y peuvent pas être cultivées, leur croissance étant trop rapide dans cette atmosphère humide et chaude. La pomme de terre y pousse tout en hauteur, sans former de tubercules, et les céréales ne portent pas de grains. Pour diverses raisons, la culture du riz n'y est pas non plus possible. On ne parvient pas à élever la vache dans le Bas-Ogooué, parce qu'elle ne supporte pas l'herbe qui y croît ; par contre, elle prospère fort bien sur le haut plateau central.

La farine, le riz, le lait et les pommes de terre doivent donc être importés d'Europe, ce qui complique et renchérit extraordinairement les conditions d'existence.

Lambaréné se trouve un peu au sud de l'équateur. Ses saisons sont celles de l'hémisphère austral. C'est donc l'hiver là-bas lorsque nous avons l'été en Europe, et l'été quand en Europe on a l'hiver. L'hiver est caractérisé par la saison sèche, qui dure de la fin de mai au début d'octobre. L'été est la période des pluies qui va du début d'octobre à la mi-décembre et de la mi-janvier à la fin de mai. Vers Noël s'intercale une petite saison sèche de trois à quatre semaines, dans laquelle la température atteint son maximum.

La température moyenne à l'ombre, pendant la saison des pluies, est d'environ 28 à 32 degrés, durant la saison sèche d'hiver, elle varie de 22 à 30 degrés. Les nuits sont presque aussi chaudes que les jours. Ce fait, joint à la très grande humidité de l'air, rend le climat du Bas-Ogooué assez difficile à supporter pour les Européens. Au bout d'une année déjà, se manifestent chez eux des symptômes de fatigue et d'anémie ; au bout de trois à quatre ans, ils ne sont plus guère capables de fournir un travail normal ; mieux vaut alors rentrer en Europe et y demeurer six mois pour s'y rétablir.

Avant la guerre de 1914, on comptait dans le Bas-Ogooué environ deux cents Européens, établis comme planteurs, exploitants forestiers, négociants, fonctionnaires ou missionnaires. On aurait peine à préciser le nombre des indigènes. La population est certainement peu dense ; elle se compose des débris de huit tribus, affreusement décimées, durant trois siècles, par la traite des esclaves et par l'eau-de-vie. La tribu des Oroungous, qui peuplait le delta de l'Ogooué, a presque entièrement disparu. Quant aux Galoas, auxquels appartenait le territoire de Lambaréné, il en reste à peine quatre-vingt mille. Les Fangs, que les Français nomment Pahouins, ont envahi ces régions dépeuplées ; ce sont des anthropophages venus de l'intérieur, et que la civilisation n'a encore guère atteints. Sans l'intervention opportune des Européens, ce peuple guerrier aurait dévoré les anciennes tribus du Bas-Ogooué. Lambaréné constitue sur le fleuve la limite qui sépare les Pahouins des races autochtones.

Le Gabon a été découvert à la fin du xvᵉ siècle par les Portugais. En 1521 déjà, des missionnaires catholiques se fixèrent sur la côte, entre l'embouchure de l'Ogooué et celle du Congo. Le cap Lopez doit son nom à l'un de ces missionnaires, Odoardo Lopez, qui y débarqua en 1578. Au xvııᵉ siècle, les Jésuites possédaient sur la côte de grandes plantations avec des milliers de travailleurs ; mais pas plus que les négociants ils ne pénétrèrent dans l'intérieur.

En 1849, lorsque les Français, de concert avec les Anglais, luttaient contre la traite des noirs sur la côte occidentale de l'Afrique, ils choisirent le golfe au nord de la baie du cap Lopez comme port d'attache de leur flotte et comme résidence des esclaves libérés : de là le nom de Libreville. Les Européens ignoraient alors que les cours d'eau qui se déversent isolément dans la baie du cap Lopez appartiennent à un grand fleuve. Les indigènes de la côte leur en avaient fait mystère, afin de garder en mains le commerce de l'intérieur. Ce fut en 1862 seulement que le lieutenant Serval, parti de Libreville, pénétra dans l'intérieur, en direction du sud-est, et découvrit l'Ogooué dans la région de Lambaréné. L'exploration du cours inférieur du fleuve fut alors entreprise à partir du cap Lopez ; elle eut pour résultat d'amener les chefs de tribu à reconnaître le protectorat de la France.

Vers 1880, on cherchait la voie commerciale la plus commode pour relier la côte à la partie navigable du Congo. Savorgnan de Brazza crut l'avoir trouvée dans l'Ogooué, qui prend naissance à 200 kilomètres au nord-ouest du Stanley-Pool et n'est séparé de l'Alima, affluent navigable du Congo, que par une assez étroite bande de terre. Il parvint à transporter par cette voie un vapeur démontable jusqu'au Moyen-Congo. Mais on dut reconnaître que les difficultés causées par les rapides du Haut-Ogooué rendaient cette voie impraticable au commerce. Le chemin de fer du Congo, de Matadi à Léopoldville, construit par les Belges en 1898, relégua définitivement l'Ogooué à l'arrière-plan comme voie d'accès au Moyen-Congo. Il se borne aujourd'hui à assurer les communications avec son arrière-pays.

Les premiers missionnaires protestants dans l'Ogooué étaient Américains. Ils y arrivèrent en 1874. Ne pouvant enseigner en français, comme l'exigeait le Gouvernement français, ils cédèrent leur œuvre à la Société des Missions Evangéliques de Paris en 1892. Cette société compte actuellement quatre stations dans la région : N'Gômô, Lambaréné, Samkita et Talagouga. N'Gômô est à environ 200 kilomètres de la côte. Les autres stations se trouvent en amont à une distance d'une cinquantaine de kilomètres l'une de l'autre. Talagouga est située sur une île du fleuve, en face de N'Djôlé, point terminus de la voie navigable.

Chaque station comprend généralement deux missionnai-

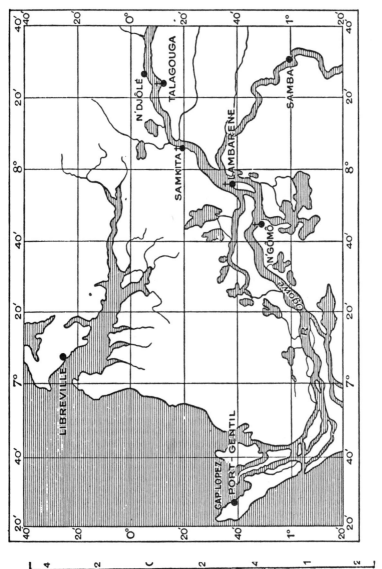

LE COURS INFÉRIEUR DE L'OGOOUÉ
(Croquis d'après une carte de M. HAUG, missionnaire).

res mariés et un célibataire, auxquels s'ajoute ordinairement une institutrice ; au total, cinq ou six personnes, non compris les enfants.

La Mission catholique possède trois stations sur le même territoire : une à Lambaréné, une à N'Djôlé et une dans le voisinage de Samba, sur la N'Gounié, le plus grand affluent de l'Ogooué. Chacune comprend environ huit blancs, soit habituellement deux prêtres, deux frères et quatre sœurs.

La localité située sur la presqu'île du cap Lopez a reçu pendant la guerre le nom de Port-Gentil.

Des administrateurs résident à Port-Gentil, à Lambaréné, à Samba et à N'Djôlé. Environ trois cents miliciens noirs, répartis sur le territoire, constituent les forces de police.

Tels sont le pays et les gens au milieu desquels j'ai pratiqué la médecine pendant quatre ans et demi. Mes expériences et mes observations pendant la période d'avant-guerre sont narrées d'après les rapports que je rédigeais à Lambaréné tous les six mois, à l'intention de mes amis et donateurs.

Ayant abandonné cette correspondance pendant la guerre, je relate cette seconde époque de mon activité d'après des notes que j'ai prises, auxquelles j'emprunte également les remarques sur les problèmes économiques, sociaux et religieux.

II

LE VOYAGE

C'était l'après-midi du Vendredi Saint de 1913. A Gunsbach, le village des Vosges où j'ai passé mon enfance, les cloches avaient annoncé la fin du service divin. Soudain le train apparut au détour de la forêt. Notre voyage en Afrique commençait. Il fallut prendre congé. De la plate-forme de la dernière voiture, nous aperçûmes une fois encore la pointe du clocher. Quand la reverrions-nous ?

Le jour suivant, lorsque la cathédrale de Strasbourg disparut dans le lointain, nous nous crûmes déjà transportés en pays étranger.

Le dimanche de Pâques, nous entendîmes encore les orgues de Saint-Sulpice, à Paris, magistralement tenues par l'ami Widor. A deux heures, le train de Bordeaux s'ébranla en gare du quai d'Orsay. Trajet splendide. Partout des gens en habits de fête. Des sons de cloches, portés par la brise printanière, parvenaient au rapide qui se hâtait à travers la campagne. De loin les églises des villages nous saluaient. Un soleil resplendissant. C'était un jour de Pâques d'une beauté féerique.

Les paquebots à destination du Congo partaient à cette époque-là non de Bordeaux, mais de Pauillac, à une heure et demie de chemin de fer en aval de Bordeaux. Je devais retirer de la douane à Bordeaux mes gros bagages expédiés en transit par petite vitesse. Or la douane était fermée le lundi de Pâques. Le mardi matin, nous n'aurions pas eu le temps de régler cette affaire, si un fonctionnaire n'avait eu pitié de notre embarras et ne nous eût dispensés des formalités prescrites. Je parvins ainsi à rentrer en possession de mes caisses.

A la dernière minute, deux automobiles nous amènent avec nos bagages à la gare maritime. Le train qui doit conduire à Pauillac les passagers pour le Congo est sur le point de partir. Impossible de décrire ce que nous ressentons, après tant d'agitation, tandis que, tout en récompensant les hommes qui ont amené nos bagages, nous nous installons dans notre compartiment.

Sonnerie de clairons. Les soldats coloniaux qui voyageront avec nous prennent place. Le train sort de la gare. Le ciel est bleu, l'air doux. De l'eau, des genêts en fleurs ; des vaches qui paissent dans les prés.

Une heure et demie plus tard, le train s'arrête au milieu d'un amoncellement de ballots, de caisses et de fûts. Nous sommes sur le quai, à dix pas du navire qui se balance doucement sur les eaux troubles de la Gironde ; il porte le

nom d'*Europe*. Presse, cris, signes aux porteurs. Poussant et
poussé, on arrive à bord par l'étroite passerelle. Après
avoir dit son nom, chacun apprend le numéro de la cabine
qui l'hébergera trois semaines durant. La nôtre, spacieuse,
est à l'avant, loin des machines, ce qui est très avantageux.

A peine a-t-on le temps de faire un brin de toilette que
retentit la cloche du déjeuner. Nous occupons une table avec
quelques officiers, le médecin du navire, un médecin militaire et deux femmes de fonctionnaires coloniaux, qui vont
rejoindre leurs maris après un congé de convalescence. Nous
apprenons bientôt que nos compagnons de table ont déjà
tous été en Afrique ou dans d'autres colonies ; devant eux,
nous nous sentons de piètres novices, bien casaniers. Cela me
rappelle les poules que ma mère achetait chaque été au mar-
chand de volailles italien pour enrichir son poulailler ; pendant quelques jours, on les voyait, effarées et inquiètes, errer
d'un coin à l'autre. Les physionomies de nos compagnons
expriment une énergie et une décision qui me frappent.

Le navire ayant encore un important chargement à prendre, nous ne partons que le lendemain après-midi. Sous un
ciel brumeux, nous descendons lentement la Gironde. Le
crépuscule commence lorsque de longues lames nous indi-
quent que nous avons atteint l'Océan. A neuf heures, les
derniers scintillements des phares disparaissent.

Les passagers disaient beaucoup de mal du golfe de Gas-
cogne et souhaitaient l'avoir derrière eux. Nous devions faire
l'expérience de sa perfidie. Le second jour après notre départ
la tempête commença. Notre navire se balançait et tanguait

à plaisir sur les flots. En haute mer, les vapeurs du Congo roulent davantage que les autres transatlantiques. Même pour les plus grands d'entre eux, le tirant d'eau est aussi faible que possible, pour qu'ils puissent remonter le Congo jusqu'à Matadi à n'importe quel étiage.

Novice en matière de traversée, j'avais négligé de fixer solidement avec des cordes mes deux malles de cabine. Pendant la nuit elles commencèrent à se pourchasser. Notre grand carton à chapeaux, où se trouvaient nos casques coloniaux, se mit également de la partie, sans songer aux dangers qu'il courait. Quand je voulus capturer mes colis, je faillis avoir un pied broyé contre la paroi de la cabine. Aussi les abandonnai-je à leur sort, et me bornai-je à me maintenir sur ma couchette, en comptant le temps qui s'écoulait entre les chocs des grandes lames contre le vaisseau et les bonds de mes malles. Finalement, le vacarme qui m'arrivait des autres cabines s'agrémenta encore du fracas de la vaisselle qui dansait dans les cuisines et la salle à manger. Le matin venu, le steward m'enseigna comment arrimer les malles.

La tempête dura trois jours sans diminuer de violence. Impossible de se tenir debout ou même de s'asseoir dans les cabines ou les salles ; on était projeté d'un coin à l'autre et plusieurs passagers y récoltèrent de sérieuses blessures. Le dimanche, on ne servit que des mets froids, parce que les cuisiniers ne parvenaient pas à se tenir devant leurs fourneaux. Le mauvais temps ne prit fin que dans le voisinage de Ténériffe.

Je me réjouissais beaucoup de la première apparition, très

vantée, de cette île ; mais je dormais profondément et ne me réveillai qu'au moment où nous entrions dans le port de Santa-Cruz. A peine avait-on jeté l'ancre que le vaisseau fut accosté de part et d'autre par des chalands chargés de charbon destiné à nos machines. Les sacs furent hissés à bord et vidés par de vastes ouvertures dans les soutes.

Santa-Cruz de Ténériffe est située sur une hauteur qui descend en pente rapide vers la mer. Elle a tout à fait le caractère d'une cité espagnole. L'île est extrêmement bien cultivée et approvisionne en pommes de terre toute la côte occidentale de l'Afrique. De plus, elle expédie en Europe ses primeurs et ses bananes.

Vers trois heures de l'après-midi, on lève l'ancre ; debout à l'avant, j'observe comment elle se détache lentement du fond et s'élève dans l'eau transparente. En même temps j'admire une sorte d'oiseau bleuâtre qui survole élégamment les flots ; un matelot m'apprend que c'est un poisson volant.

Lorsque nous nous éloignons de la côte vers le sud, la pointe neigeuse de la plus haute montagne, qu'on ne pouvait apercevoir du port, se dresse au-dessus de l'île ; elle disparaît dans la brume du soir, tandis que nous avançons sur les flots à peine agités, en admirant l'eau d'un bleu féerique.

C'est alors seulement que les passagers font connaissance les uns avec les autres. Il y a surtout des officiers, des médecins militaires et des fonctionnaires. Les civils sont en nombre relativement petit.

De leur destination, les fonctionnaires ne connaissent d'ordinaire que le port où ils débarqueront ; c'est là seulement qu'ils apprendront le lieu de leur résidence définitive.

Nous faisons plus intime connaissance avec un lieutenant et un administrateur des colonies. Ce dernier se rend au Moyen-Congo ; il sera séparé de sa femme et de ses enfants pendant deux ans. Le lieutenant se trouve dans la même situation ; il sera probablement dirigé sur Abéché. Il a déjà été au Tonkin, à Madagascar, au Sénégal, au Congo.

Un Européen, vieux colonial, qui me fait part de ses vues, augure peu de bien de l'islam qui se propage parmi les noirs. Le noir musulman, dit-il, a une antipathie profonde contre notre civilisation. Vous pouvez lui construire des chemins de fer, creuser des canaux, dépenser des centaines de milliers de francs pour l'irrigation des terrains qu'il cultive : cela ne lui fera aucune impression, parce qu'il est foncièrement indifférent envers tout ce qui est européen, quels que soient les avantages qui en résultent. Mais si vous faites venir dans les villages un marabout (prédicateur musulman itinérant) sur son cheval fringant, drapé d'un manteau aux couleurs criardes, alors vous voyez les habitants s'animer ; tous se pressent autour de lui et lui apportent leurs économies pour obtenir, à beaux deniers comptants, une amulette contre la maladie, une autre contre les blessures de guerre, une autre contre les morsures de serpents, une autre contre les mauvais esprits et les mauvais voisins. Lorsque nous construisîmes le premier chemin de fer à Madagascar, les indigènes tournèrent pendant des jours autour de la locomotive, manifestant leur surprise et leur joie quand elle crachait de la vapeur, et cherchant à expliquer les uns aux autres comment cette machine-là pouvait marcher. Dans une ville africaine par contre dont la population est musulmane, on avait utilisé la force hydraulique pour installer l'éclairage électrique ; on s'attendait que les habitants fussent surpris de cette clarté ; mais le premier soir où les ampoules s'allumèrent, ils s'entendirent pour rester tous dans leurs maisons et leurs cases, afin de témoigner leur indifférence à l'égard de cette innovation.

Il m'a été très précieux de faire la connaissance d'un médecin militaire qui a vécu douze ans déjà en Afrique équatoriale et va maintenant diriger l'Institut bactériologique de Grand-Bassam. Sur ma demande, il me consacre deux heures chaque matin, passe en revue avec moi toute la médecine tropicale et me met au courant de ses tentatives et de ses expériences. Il considère comme fort nécessaire que des médecins indépendants, en nombre aussi grand que possible, se dévouent volontairement à la population indigène.

Le jour après notre départ de Ténériffe, les troupes reçurent l'ordre de porter constamment le casque colonial en dehors des locaux couverts. Cette mesure me parut singulière, la température étant encore relativement fraîche, dépassant à peine celle de juin chez nous. Mais je fus abordé le jour même par un « vieil Africain », alors que je contemplais, tête nue, le soleil couchant.

— A partir d'aujourd'hui, jeune ami, me dit-il, vous devez considérer le soleil comme votre pire ennemi, même lorsqu'il n'est pas brûlant, que ce soit à son lever, au milieu du jour ou à son coucher, que le ciel soit clair ou couvert. Je ne saurais vous expliquer pourquoi ; mais vous pouvez m'en croire : les insolations les plus dangereuses se produisent même avant qu'on ait atteint l'équateur, et le soleil du matin, comme celui du soir, si doux en apparence, est plus perfide encore que celui de midi.

Lorsque nous fûmes pour la première fois tout de blanc vêtus et coiffés du casque colonial, cela nous fit une impression bizarre. Pendant deux jours, nous eûmes le sentiment d'être en travesti.

A Dakar, le grand port du Sénégal, ma femme et moi mîmes pour la première fois le pied sur cette terre d'Afrique à laquelle nous voulions consacrer notre vie. Ce fut pour nous un moment solennel.

Dakar ne me laisse pas un bon souvenir. Je me rappellerai toujours la brutalité avec laquelle on y traite les animaux. La ville est située à flanc de coteau, et les rues y sont généralement en fort mauvais état. Le sort des bêtes de trait, livrées aux noirs, y est affreux. Je n'ai vu nulle part les chevaux et les mulets aussi maltraités. Deux noirs, installés sur un chariot lourdement chargé de bois, en panne sur la route récemment rechargée, frappaient leur pauvre animal en vociférant. Je ne pus poursuivre mon chemin ; j'obligeai ces noirs à descendre du véhicule et à le pousser avec moi, jusqu'à ce que nos efforts l'eussent ramené sur un meilleur

terrain. Tout interdits de cette intervention, ils obéirent sans
discuter.

— Si vous ne pouvez supporter de voir maltraiter les animaux, ne venez pas en Afrique, me dit le lieutenant à mon
retour à bord ; car vous y verrez souvent d'horribles choses
à ce sujet.

A Dakar, nous prenons à bord des noirs, pour la plupart
des tirailleurs sénégalais, avec femmes et enfants. Ils sont
logés sur le pont d'avant et se glissent le soir dans de grands
sacs qui leur couvrent aussi la tête, pour dormir à la belle
étoile. Femmes et enfants sont lourdement chargés d'amu-
lettes enfermées dans de petits sachets de cuir ; même les
bébés au sein en sont munis.

Je m'étais représenté le rivage africain comme aride et
désert et fus surpris, en longeant la côte de Dakar à Conakry, de voir partout des forêts d'un beau vert, baignées
par les vagues. A l'aide de la jumelle, on apercevait les toits
pointus des villages indigènes. La poussière d'eau produite
par la barre montait comme une fumée devant ce tableau.
Cependant la mer était assez calme et la côte me paraissait
plate.

— Le requin ! Le requin !

Je me précipite hors du salon ; on me désigne un triangle
noir qui émerge à cinquante mètres environ du navire et se
dirige vers nous : c'est la nageoire dorsale du monstre
redouté ; quiconque l'a vue une fois ne l'oublie plus. Les
ports de l'Afrique occidentale fourmillent de requins. A
Cotonou, j'en vis un, attiré par les déchets de la cuisine, à

dix mètres du vaisseau ; la lumière étant bonne et la mer transparente, je pus distinguer pendant quelques instants dans toute sa longueur le corps à reflets gris et jaunes de l'animal et observer comment il se retournait à demi sur le dos, pour que sa bouche, placée à la partie inférieure de la tête, fût en posture de saisir plus commodément la proie.

En dépit des requins, les noirs de tous ces ports plongent pour attraper les pièces de monnaie qu'on leur jette. Les accidents sont assez rares, parce que le vacarme qui accompagne ce sport agace même les hyènes de la mer. A Tabou, j'étais étonné de voir un ces plongeurs rester silencieux, tandis que les autres criaient pour obtenir encore des pièces de monnaie ; je m'aperçus bientôt que c'était le plus habile de tous : il était forcé de se taire parce que sa bouche lui servait de porte-monnaie ; il pouvait à peine la fermer, tellement elle était pleine de sous et d'autres pièces.

A partir de Conakry, le paquebot reste presque constamment en vue de la côte : Côte du Poivre, Côte d'Ivoire, Côte d'Or, Côte des Esclaves... Les rives boisées qui bordent l'horizon en pourraient raconter long sur les horreurs dont elles furent témoins ! C'est là qu'abordaient les négriers pour embarquer la marchandise humaine à destination de l'Amérique.

— Même aujourd'hui, tout n'est pas pour le mieux, me dit l'employé d'une grande maison de commerce, qui rejoint pour la troisième fois son poste au Congo. On apporte aux noirs de l'eau-de-vie, et des maladies qui leur étaient inconnues. Il faut que nous cherchions à leur faire du bien en les éduquant et en soulageant leurs souffrances physiques pour racheter le mal commis.

Pendant le repas, je me plais à considérer les passagers assis aux différentes tables. Tous ont déjà vécu en Afrique. Dans quels sentiments y sont-ils allés ? Quel était leur idéal ? Comment se comportent, dans l'exercice de leurs fonctions, ces gens si aimables et si courtois ici ? Quelle idée se font-ils de leurs responsabilités ?...

Dans quelques semaines, les trois cents personnes parties ensemble de Bordeaux seront toutes arrivées au Sénégal, au Niger, à l'Ogooué, au Congo et sur ses affluents jusqu'au lac Tchad, pour y prendre possession de leur poste et y demeurer pendant deux ou trois ans. Qu'accomplirons-nous là-bas ? Si l'on pouvait prendre note des faits et gestes de chacun, quel volume on en ferait ! N'y aurait-il pas des pages qu'il faudrait se hâter de tourner ?...

Et le vaisseau continue sa route. Grand-Bassam... Cotonou... A chaque arrêt, ceux qui nous quittent prennent congé avec cordialité, même des passagers avec lesquels ils n'ont échangé que quelques paroles.

— Portez-vous bien !

Ces mots se disent en souriant, mais reviennent régulièrement sur les lèvres et prennent en ces parages un caractère particulièrement sérieux. Comment se porteront ceux auxquels ils s'adressent, lorsqu'ils remonteront à bord. Et y reviendront-ils tous ?... Les cabestans et les grues grincent ; les canots dansent sur les vagues ; les toitures rouges du port nous saluent de leur note tranchante dans la verdure ; les lames de la barre se pulvérisent sur le sable... Et derrière, c'est l'immense pays où chacun de ceux qui maintenant nous quittent sera pour un temps maître et seigneur, et décidera du sort des habitants.

— Portez-vous bien ! Bonne santé !

Cet adieu me semble trop peu solennel devant l'inconnu de l'avenir.

A Grand-Bassam, Tabou, Cotonou, la barre est si forte, même par beau temps, que les passagers ne peuvent descendre dans les canots par l'escalier de la coupée. On est obligé de les loger par quatre à la fois dans des caisses de bois, semblables à celles qui se voient aux balançoires de foire. Au mécanicien qui manœuvre la grue de choisir le bon moment pour déposer cette cage et ses quatre occupants dans le fond du canot qui oscille, monte et descend ; aux noirs qui sont dans le canot le soin de maintenir celui-ci juste sous la caisse qui descend. Les accidents ne sont pas rares. Le débarquement des colis donne également lieu à de grandes difficultés ; il n'est d'ailleurs possible que quand la mer est relativement calme. Je commence à me rendre compte des conséquences qu'entraîne le manque de bons ports sur la côte occidentale de l'Afrique.

A Tabou, le navire embarque une cinquantaine de débardeurs noirs, comme il le fait chaque fois. Ils nous accompagneront jusqu'au Congo et seront ramenés ici au retour. Ils devront aider au débarquement à Douala, à Libreville, à Port-Gentil et à Matadi, où va la majeure partie de la cargaison que nous transportons. Ils s'acquittent de leur travail à la perfection, presque mieux que les ouvriers de Pauillac, mais se comportent avec brutalité à l'égard des autres noirs qui sont à bord : dès que ceux-ci se trouvent sur leur passage, il y a des bourrades et des coups.

Je ne suis pas incommodé par la chaleur et n'ai aucune insomnie ; ma femme, malheureusement, commence à en souffrir, de même que la plupart des autres passagers.

Le soir, l'éclat de la mer où le vaisseau trace son sillon est merveilleux à voir. Dans l'écume phosphorescente les méduses lumineuses s'élèvent comme des boules incandescentes.

A partir de Conakry on aperçoit presque chaque nuit des éclairs d'orage sur terre. Le navire traverse plusieurs violentes averses accompagnées de tornades qui cependant ne rafraîchissent pas l'atmosphère.

Le dimanche matin 13 avril, nous arrivons à Libreville. Nous y recevons la visite de M. Ford, un missionnaire américain resté à son poste parce que sachant enseigner en français. Il nous apporte des fleurs et des fruits de son jardin, premiers présents de l'Afrique. Nous acceptons avec gratitude son invitation à nous rendre à la station missionnaire de Baraka, située sur une colline, à trois kilomètres de Libreville, au bord de la mer.

Au moment où nous montons la colline entre les rangées de maisonnettes en bambous qu'habitent les indigènes, l'assemblée sort justement de la chapelle. On nous présente et nous serrons plusieurs douzaines de mains noires. Quelle différence entre ces gens décents, proprement vêtus, et les

noirs que nous avions vus jusqu'alors dans les ports ! Ce ne
sont d'ailleurs plus les mêmes physionomies ; celles-ci ont
quelque chose de libre et de modeste, qui contraste avec
l'expression hardie, servile et inquiète à la fois que j'ai notée
jusqu'ici dans les yeux de tant de noirs, et me donne une
véritable impression de soulagement.

De Libreville à Port-Gentil, il n'y a que huit heures de
traversée. Le lundi matin 14 avril, en vue du port, je suis
saisi d'une angoisse qui m'avait déjà souvent étreint pendant
cette dernière semaine : la douane ! la douane ! A table,
durant la seconde moitié du voyage, on avait entendu des
histoires effrayantes sur la douane coloniale.

— Vous serez sans doute obligé de payer dix pour cent
de la valeur de vos objets, me dit un vieil Africain.

— Qu'ils soient vieux ou neufs, on n'en tient pas compte,
ajoute un autre.

Mais le douanier nous traite avec clémence. Peut-être les
visages anxieux avec lesquels nous lui présentons la liste du
contenu de nos soixante-dix caisses l'engagent-ils à la douceur. Soulagés, nous revenons à bord pour y passer une dernière nuit. Ce fut une nuit bruyante : on déchargea des
caisses et on prit du charbon, jusqu'à ce que les noirs, épuisés de fatigue, tombent près des grues.

Le mardi, de bonne heure, nous passons sur le bateau
fluvial *Alembé*. Il est très plat et large pour pouvoir navi-

guer même à la saison des basses eaux. Les deux roues sont placées, non à ses flancs, mais côte à côte, à l'arrière, pour être à l'abri des troncs d'arbres qui flottent à la dérive sur le fleuve. L'*Alembé* ne prend à bord que les passagers et leurs bagages, parce qu'il a déjà sa cargaison. Les caisses arrivées d'Europe suivront dans une quinzaine, avec l'autre vapeur fluvial.

Nous nous mettons en route à neuf heures du matin, pour pouvoir passer à marée haute les bancs de sable devant l'embouchure de l'Ogooué. On laisse en plan quelques passagers qui se sont attardés à terre ; ils nous rejoindront le soir dans un canot à moteur.

Eau et forêt vierge !... Comment rendre ces impressions ? Nous croyons rêver. Les paysages antédiluviens que nous avons vus quelque part sur des dessins fantaisistes sont ici réalité. On ne parvient pas à distinguer où l'eau cesse et où commence la terre. Un énorme enchevêtrement de racines recouvert de lianes s'avance dans le fleuve. Des palmiers, petits et grands, entremêlés de bois touffus aux rameaux verts et aux feuilles immenses. Çà et là des arbres de haute futaie isolés ; de vastes champs de papyrus ; des arbres morts, desséchés sur pied, qui se dressent vers le ciel dans cette verdure exubérante... Dans chaque éclaircie, des nappes d'eau miroitent ; à chaque tournant apparaissent de nouveaux bras du fleuve. Un héron s'envole lourdement et va se poser sur un arbre mort. De petits oiseaux blancs volettent sur l'eau. Très haut, un aigle pêcheur décrit ses orbes. Ici, impossible de se tromper ! Quelque chose est suspendu à un palmier et remue : ce sont bien deux queues de singe... et voici leurs propriétaires. Décidément, nous sommes en Afrique.

Le spectacle reste le même des heures durant. Chaque coin, chaque tournant ressemble à ceux qui les ont précédés. Toujours et toujours la même forêt, la même eau jaunâtre, monotonie qui accroît infiniment l'impression de puissance que dégage cette nature. On ferme les yeux pendant une heure et, en les rouvrant, on aperçoit exactement ce qu'on a vu jusqu'alors. L'Ogooué est ici non un fleuve, mais un système de cours d'eau. Trois ou quatre bras s'entrecroisent. Entre eux apparaissent des lacs, grands et petits. Comment notre pilote noir se retrouve-t-il dans ce labyrinthe ? C'est pour moi une énigme. Les rayons de sa grande roue en mains, il dirige le bateau sans carte, passant du grand courant dans un canal étroit, de là dans un lac, pour revenir ensuite dans le grand fleuve... Voilà seize ans qu'il fait ce trajet, et il s'y retrouve, même la nuit.

Le cours du fleuve est assez lent dans sa partie inférieure, mais s'accélère sensiblement vers l'amont. D'invisibles bancs de sable et des troncs d'arbres flottant entre deux eaux exigent une grande prudence dans la navigation.

Après un long trajet, nous faisons halte près d'un petit village indigène. On voit empilées sur la berge quelques centaines de bûches de bois, de la dimension de celles qu'emploient les boulangers. Nous accostons pour les embarquer, car le bateau est chauffé au bois. On glisse une planche jusqu'à la rive ; des noirs font la chaîne. Un homme à bord tient une feuille de papier. Dès que dix bûches ont passé, un individu posté sur la planche prononce ces mots, chantés en une belle cadence :

— Fais un trait.

A la centième bûche, il dit sur le même ton :

— Fais une croix.

Ce bois se paie de quatre à cinq francs les cent bûches.

Le capitaine adresse des reproches au chef de village, parce qu'il a préparé trop peu de bois. Celui-ci s'excuse, avec des paroles et des gestes pathétiques. La conclusion de cette discussion est qu'il aimerait mieux être payé en eau-de-vie qu'en argent, parce qu'il pense que les blancs l'ont à meilleur compte et qu'il s'en tirerait mieux ainsi... Chaque litre d'alcool paye deux francs de droit d'entrée dans la colonie. Je dois payer la même somme pour l'alcool pharmaceutique que j'utilise en médecine.

Le voyage continue. On voit sur le rivage des cases abandonnées et effondrées.

— Quand je suis venu dans ce pays il y a vingt ans, dit un commerçant près de moi, tous ces villages étaient prospères.

— Pourquoi ne le sont-ils plus ? demandai-je.

Il hausse les épaules et répond à voix basse :

— L'eau-de-vie.

Après le coucher du soleil, nous accostons près d'une factorerie. On embarque trois mille bûches, ce qui dure environ deux heures.

— Si nous avions fait halte ici de jour, me dit le commerçant, tous les passagers noirs (nous en avons une soixantaine) seraient descendus pour acheter de l'eau-de-vie. Presque tout l'argent qui arrive dans le pays par le commerce des bois se transforme en eau-de-vie. J'ai parcouru les colonies de tous les pays. L'alcool, partout, est l'adversaire de tout travail civilisateur.

Les impressions sublimes suggérées par cette nature sauvage et grandiose sont mêlées de souffrance et d'angoisse. Avec le crépuscule du premier soir que nous passons sur l'Ogooué s'étendent sur moi les ombres de la misère africaine. Entre temps, la voix monotone chante :

— Fais un trait !... Fais une croix !

Et, plus que jamais, j'ai la conviction que ce pays a besoin d'hommes qui lui viennent en aide sans relâche.

Nous poursuivons notre route au clair de lune. Tantôt la forêt vierge ne forme plus qu'une sombre lisière sur la rive lointaine, tantôt le bateau frôle cette obscure paroi qui exhale une chaleur insupportable. La lueur des astres se pose doucement sur les eaux. Des éclairs brillent dans le lointain.

Après minuit, le vapeur jette l'ancre dans une crique tranquille. Les passagers se glissent sous leurs moustiquaires. Plusieurs dorment dans les cabines, d'autres à la salle à manger sur les banquettes sous lesquelles sont logés les sacs postaux.

Vers cinq heures du matin, la machine se remet en marche. La forêt devient plus grandiose encore que dans le cours inférieur du fleuve. Nous avons parcouru plus de 200 kilomètres. Au loin apparaît une colline avec quelques toits rou-

ges : c'est la station missionnaire de N'Gômô. Comme on y
embarque des bûches pendant deux heures, nous avons le
temps de visiter la station et sa scierie.

Au bout d'environ cinq heures de trajet, on aperçoit dans
le lointain les collines de Lambaréné. La sirène du vapeur
retentit, bien que nous n'arrivions que dans une demi-heure.
Mais les habitants des factoreries, très éloignées les unes des
autres, doivent être avisés à temps pour pouvoir se rendre
dans leurs pirogues au débarcadère et y prendre les colis qui
leur sont destinés.

De la station missionnaire de Lambaréné au débarcadère,
il y a plus d'une heure en pirogue. Quand le bateau accosta,
personne ne pouvait donc être là pour nous recevoir. Mais,
pendant le débarquement — il était près de quatre heures et
le soleil était brûlant — je vois tout à coup une pirogue lon-
que et étroite, montée par de jeunes garçons chantant joyeusement, arriver comme un trait et tourner autour du vapeur
avec une telle rapidité, que le blanc qui s'y trouve n'a que
le temps de se jeter en arrière pour ne pas heurter de la tête
l'amarre du bateau. C'est le missionnaire Christol, avec la
classe des petits de l'école missionnaire ; derrière eux arrive
une pirogue portant le missionnaire Ellenberger ; elle est
montée par la classe des grands. Les enfants avaient fait la
course et les plus jeunes sont vainqueurs ; il faut dire qu'on
leur avait concédé la pirogue la plus légère. Aussi ont-ils le
droit de conduire le docteur et madame ; les autres transpor-
teront les bagages. Quels superbes visages d'enfants ! Un bout
d'homme circule gravement avec mon lourd fusil.

Le début de la traversée en pirogue nous met un peu mal à l'aise. Ces embarcations très plates et très étroites sont taillées dans un seul tronc d'arbre et perdent l'équilibre au moindre mouvement. Les pagayeurs ne sont pas assis, mais debout, ce qui n'est pas fait pour augmenter la stabilité. De leurs longues pagaies ils frappent l'eau en chantant pour rester en mesure. Un seul geste maladroit d'un pagayeur peut faire chavirer la pirogue.

Au bout d'une demi-heure, nous avons surmonté notre malaise et jouissons de cette magnifique traversée. Les enfants luttent de vitesse avec le vapeur qui a repris son voyage vers l'intérieur et, dans leur zèle, risquent de renverser une pirogue occupée par trois vieilles femmes indigènes.

Un peu plus tard, nous passons, toujours au son des chants, du courant principal dans un bras du fleuve. Sur une hauteur, quelques points blancs, auréolés par le soleil couchant : ce sont les maisons de la station. Plus nous approchons, plus le chant devient fort. Puis nous traversons le courant qu'agite un vent d'orage, et la pirogue glisse dans une petite anse.

D'abord il nous faut serrer un certain nombre de mains noires. Nous en avons déjà l'habitude. Ensuite, accompagnés de madame Christol, de mademoiselle Humbert, institutrice, et de M. Kast, missionnaire-artisan, nous montons à notre maisonnette située sur la colline. Les enfants s'étaient hâtés de la décorer de fleurs et de branches de palmier. Construite entièrement en bois, elle repose sur une quarantaine de pilotis en fer qui s'élèvent à 50 centimètres au-dessus du sol. Une véranda court autour des quatre chambrettes. La vue du paysage est ravissante : en bas, le bras du fleuve qui par endroits s'élargit en un lac ; tout autour, la forêt. Au loin, on aperçoit un ruban du courant principal ; derrière, des montagnes bleues.

A peine avons-nous eu le temps de déballer quelques objets indispensables que la nuit tombe. Elle commence ici quelques instants après six heures. La cloche appelle les enfants à la salle d'école pour le culte du soir. Une armée de grillons commence à chanter et accompagne le choral dont les accents parviennent jusqu'à nous. Je m'assieds sur une malle et j'écoute, saisi d'émotion. A ce moment, une vilaine ombre descend le long de la paroi ; effrayé, je m'approche et je vois une énorme araignée. Une chasse mouvementée met fin à ses jours.

Après le souper chez M. Christol, les enfants se groupent devant la véranda ornée de quelques lampions, et chantent à deux voix, sur la mélodie d'un air populaire suisse, quelques vers de circonstance composés par M. Ellenberger. On nous reconduit avec des lanternes sur le sentier qui longe la colline. Mais, avant de songer au repos, il faut livrer une nouvelle bataille aux araignées et aux grands cancrelats volants, qui considèrent comme leur propriété la maison longtemps inhabitée.

Le lendemain matin, à six heures, la cloche retentit. On entend le choral des enfants de l'école. A présent commence notre activité dans notre nouvelle patrie.

III

IMPRESSIONS ET EXPÉRIENCES DU DÉBUT

L A station missionnaire avait fait savoir que, sauf en cas d'urgence, on ne devait se rendre chez le docteur que trois semaines après son arrivée, afin de lui laisser le temps de s'installer. On ne tint naturellement aucun compte de cette recommandation. A toute heure du jour, des malades se présentaient devant ma maison. Il m'était difficile de les soigner, car je devais me contenter des services d'un interprète de fortune et je ne possédais encore que les quelques médicaments, instruments et articles de pansement que j'avais amenés dans mes malles de cabine.

Un an avant mon arrivée, un instituteur de l'école de la Mission de Samkita, nommé N'Zeng, s'était offert à me servir d'interprète et d'infirmier. Je l'avais fait prier de se mettre à ma disposition dès mon arrivée à Lambaréné. Mais il ne vint pas, prétextant un palabre à liquider : une affaire d'héritage dans son village natal, à plus de cent kilomètres d'ici. Il me fallut donc lui envoyer une pirogue et le sommer d'arriver aussi vite que possible. Il se déclara d'accord... mais des semaines s'écoulèrent sans qu'il parût. M. Ellenberger, à qui je contais ma mésaventure, me regarda en souriant :

— Docteur, dit-il, votre apprentissage d'Afrique commence. Vous constatez pour la première fois un fait qu'il faut accepter chaque jour comme une perpétuelle épreuve : le manque de bonne foi des indigènes.

Dans la nuit du 26 au 27 avril, nous entendîmes la sirène du vapeur. Nos caisses furent débarquées à la Mission catholique, située sur le cours principal du fleuve ; le capitaine du bateau refusa de les transporter jusqu'à nous, craignant de naviguer sur ce bras du fleuve qui lui était inconnu. MM. Champel et Pelot, missionnaires-artisans à N'Gômô, vinrent à Lambaréné avec dix de leurs ouvriers pour nous aider à transporter nos colis.

Le transport de mon piano avec pédales d'orgue, spécialement construit pour les tropiques, me causait beaucoup de soucis. La Société J.-S. Bach, à Paris, dont j'avais été l'organiste pendant plusieurs années, m'en avait fait cadeau pour me permettre d'entretenir ma technique. Quel tronc d'arbre creusé pourrait transporter cet instrument dans sa lourde caisse doublée de zinc ? Par bonheur, le chef d'une factorerie voulut bien me prêter une pirogue appropriée, faite d'un tronc d'arbre énorme et qui pouvait porter trois tonnes ; on eût pu y charger cinq pianos !

Nous transportâmes donc, non sans beaucoup de peine, mes soixante-dix caisses à notre station. Il s'agissait ensuite

de les monter de la rive sur la colline. Tous les hommes
valides de la station s'attaquèrent avec nous à cette besogne.
Les enfants se signalèrent par leur zèle. C'était amusant de
voir une caisse subitement pourvue d'une multitude de jambes noires, tandis qu'en même temps lui poussaient deux
rangées de têtes crépues ; le tout grimpant le flanc du coteau,
criant et menant grand tapage. En trois jours, tout fut à sa
place, et nos aides de N'Gômô purent rentrer chez eux. Nous
ne savions comment les remercier de leur bonté ; sans eux,
nous n'eussions pu venir à bout de ce transport.

Le déballage fut décourageant ; nous ne savions où caser
toutes nos affaires. On avait prévu la construction d'une
baraque en tôle ondulée pour l'hôpital ; mais l'on n'était pas
même parvenu à en terminer la charpente, la station missionnaire n'ayant pas trouvé d'ouvriers. Le commerce des
bois marche fort bien depuis quelques mois, et les marchands
paient aux ouvriers des salaires auxquels la mission ne sau-
rait faire concurrence. Afin de pouvoir ranger au moins les
médicaments les plus indispensables, M. Kast installa dans
notre chambre principale des rayons pour lesquels il avait
scié et raboté lui-même le bois nécessaire. Il faut connaître
l'Afrique pour se rendre compte de la richesse qu'y représente une étagère fixée contre une paroi.

Je n'avais aucun local pour l'examen et le traitement des
malades, et cela m'embarrassait fort. Les risques d'infection
m'interdisaient de les recevoir dans ma chambre. En Afrique, me dirent les missionnaires dès le début, on fait en sorte
que les noirs pénètrent le moins possible dans les habitations

des blancs ; c'est une mesure de conservation personnelle.
Je faisais donc mes traitements et pansements en plein air,
devant la maison. Mais quand la tornade du soir arrivait, il
fallait en toute hâte rentrer le matériel sur la véranda. Le
travail en plein soleil était excessivement fatigant.

Dans cette extrémité, je me décidai à élever au rang d'hôpital la petite construction que mon prédécesseur dans la
maison, le missionnaire Morel, avait utilisée comme poulailler. On y aménagea quelques rayons le long des parois,
on y plaça un vieux lit de camp, et l'on recouvrit d'une
couche de lait de chaux le plus gros de la saleté. Je fus trop
heureux de cet arrangement. L'atmosphère, il est vrai, était
étouffante dans cette petite pièce sans fenêtre, et les trous
dans le toit m'obligeaient à rester tout le jour coiffé du
casque. Mais il n'était plus nécessaire de fuir quand éclatait
la tornade. C'est avec bonheur que j'entendis pour la première fois la pluie ruisseler sur le toit ; et j'étais tout surpris
de pouvoir continuer tranquillement à panser mes malades.
Vers la même époque, je trouvai un interprète-infirmier.
J'avais remarqué parmi mes malades un indigène à la physionomie intelligente et qui parlait parfaitement le français.
Il me raconta qu'il était cuisinier, mais devait renoncer à
son métier à cause de sa santé. Comme nous n'avions pas
trouvé de cuisinier, je lui offris d'entrer chez moi à titre pro-
visoire, et de me seconder en outre comme interprète et

infirmier. Joseph — c'est ainsi qu'il se nomme — est très adroit. On s'accoutume sans trop de peine à ses expressions anatomiques, où son ancienne profession se trahit par une terminologie culinaire.

— Cet homme a mal dans le gigot droit. Cette femme a des douleurs dans les côtelettes gauches et dans le filet.

Le nommé N'Zeng, engagé d'avance, arriva à la fin de mai. Il ne me parut pas sûr, c'est pourquoi je gardai aussi Joseph ; celui-ci est Galoa, N'Zeng est Pahouin.

Le travail est à peu près organisé. Ma femme s'occupe des instruments et de la préparation des opérations chirurgicales, où elle fonctionne comme assistante ; elle a en outre la haute surveillance des effets de pansement et du linge destiné aux opérations.

Les consultations commencent vers huit heures et demie du matin. Les malades attendent, assis sur des bancs, à l'ombre de la maison et devant le poulailler où je travaille. Chaque matin, l'un des infirmiers répète le règlement de l'hôpital qui stipule ce qui suit :

1° Il est défendu de cracher sur le sol dans le voisinage de la maison du docteur.

2° Il est interdit de s'entretenir à haute voix, en attendant son tour.

3° Les malades et ceux qui les accompagnent doivent apporter leur nourriture pour un jour, car ils ne peuvent tous être traités pendant la matinée.

4° Ceux qui passeront la nuit sur le terrain de la station sans l'autorisation du docteur seront renvoyés sans médicaments. (Il n'est en effet pas rare que des malades venus de loin pénètrent la nuit dans le dortoir des enfants de l'école, mettent ceux-ci dehors et prennent leurs places.)

5° Les flacons et les boîtes en fer-blanc dans lesquelles on reçoit les médicaments doivent être rapportés.

6° Sauf pour les cas d'urgence, on ne doit pas recourir au docteur à partir du moment où le vapeur remonte le fleuve, au milieu du mois, jusqu'à ce qu'il redescende ; pendant ces jours-là le docteur écrit en Europe pour se procurer les bons remèdes. (Le bateau du milieu du mois amène le courrier d'Europe et reprend le nôtre deux jours après, en redescendant.)

Ces conseils et interdictions sont proclamés en galoa et en pahouin, avec de telles périphrases que cela fait un long discours. Les auditeurs ponctuent chaque phrase de hochements de tête approbateurs. L'orateur termine sa harangue en recommandant de faire connaître les instructions du docteur dans tous les villages situés sur le fleuve et au bord des lacs.

A midi et demi, l'infirmier annonce que le docteur veut prendre son repas. Les assistants approuvent de nouveau par des hochements de tête. Ils se dispersent pour manger leurs bananes à l'ombre, puis reviennent à deux heures. Quand la nuit tombe, à six heures, il est fréquent que les derniers n'aient pas encore passé à la visite, et il faut les encourager à patienter jusqu'au lendemain. On ne peut songer à les traiter à la lumière des lampes, à cause des moustiques qui transmettent le paludisme.

Chaque malade reçoit en partant un disque en carton traversé par une ficelle de raphia portant un numéro, auquel correspond, dans mon registre, l'inscription de son nom, de sa maladie et des remèdes qu'il a reçus. Quand il revient, je retrouve grâce à ce numéro les données nécessaires pour me documenter sur son cas, évitant ainsi un nouvel interrogatoire qui me ferait perdre du temps. Mon livre indique également le nombre des flacons, boîtes en fer-blanc et objets de pansement remis au malade. Ce contrôle permet de réclamer les objets à restituer, qui ne me sont rendus que dans le tiers des cas environ. En ce pays, la valeur des flacons et des boîtes en fer-blanc est considérable ; ceux qui ont eu des médicaments à emballer pour les faire emporter dans la forêt vierge peuvent seuls s'en rendre compte.

L'humidité atmosphérique est si forte, que les médicaments délivrés en Europe dans une boîte de carton ne se conservent ici que dans un flacon bouché ou dans une boîte métallique fermant bien. Je n'y avais pas songé lors de mes préparatifs de départ ; c'est pourquoi je suis obligé de me quereller avec mes malades pour une boîte en fer-blanc qu'ils prétendent avoir oubliée ou perdue. Je prie à chaque courrier mes amis d'Europe de recueillir pour moi, chez leurs connaissances, des bouteilles, des flacons, des tubes de verre fermés d'un bouchon et des boîtes en fer-blanc de toutes grandeurs. Comme je serais heureux, si je pouvais avoir, un jour, une réserve suffisante de ces objets !

La plupart des malades portent suspendu au cou le disque de carton numéroté, en compagnie de la plaque métallique percée attestant qu'ils ont payé au gouvernement, pour l'année courante, leur impôt de capitation de cinq francs. Il leur arrive rarement de perdre ou d'oublier mon disque. Certains noirs, surtout parmi les Pahouins, le regardent même volontiers comme une sorte de fétiche.

En langage galoa, on me nomme Oganga, ce qui signifie féticheur. Les noirs n'ont pas d'autre expression pour marquer la qualité de médecin, parce que les guérisseurs indigènes sont tous en même temps des féticheurs. Mes malades estiment logique que celui qui guérit les maladies ait aussi le pouvoir de les provoquer, même à distance. Cette idée d'attribuer à un homme une puissance à la fois bienfaisante et dangereuse me fait réfléchir.

Il ne vient pas à l'idée de mes patients que leurs maladies aient une cause naturelle. Ils les croient dues aux mauvais esprits, à la magie malfaisante des hommes et au « ver ». Le « ver » est pour eux l'incarnation de la douleur. Lorsque je leur demande de décrire leur état, ils racontent l'histoire du ver qui s'est fait sentir d'abord dans les jambes, est monté ensuite dans la tête, d'où il a passé au cœur et de là dans le poumon, puis s'est fixé dans le ventre. Tous les médicaments doivent être dirigés contre lui. Si je calme ses coliques par de la teinture d'opium, le malade revient le jour suivant, radieux, m'annoncer que le « ver » est chassé du ventre, mais qu'il se trouve maintenant dans la tête et lui dévore le cerveau, ajoutant que je devrais lui donner encore le remède contre le « ver » de la tête.

Je perds beaucoup de temps à leur faire comprendre comment ils doivent faire usage des médicaments. L'interprète le leur redit sans cesse. Ils doivent le répéter à leur tour. On le leur inscrit sur le flacon ou la boîte, pour que, dans leur village, quelqu'un qui sait lire le leur rappelle. Mais je ne suis cependant pas certain qu'ils n'avalent tout le contenu du flacon en une fois, ou ne mangent les pommades et ne se frictionnent avec les poudres.

J'ai en moyenne de trente à quarante malades à traiter par jour.

Les maladies les plus fréquentes sont : des ulcères de différentes espèces, le paludisme, la maladie du sommeil, la lèpre, l'éléphantiasis, des affections cardiaques, des ostéomyélites (suppurations de la moelle des os) et la dysenterie amibienne.

Pour arrêter le flux purulent des ulcères, les indigènes saupoudrent les plaies avec l'écorce pulvérisée d'un certain arbre. Il se forme alors une croûte solide qui empêche l'écoulement du pus et aggrave le mal.

Dans l'énumération des affections que je remarque le plus fréquemment, il convient de ne pas oublier la gale, dont les noirs souffrent cruellement. Il m'en arrive qui n'ont pu dormir depuis plusieurs semaines, tant ils sont tourmentés sans relâche par les démangeaisons. Certains d'entre eux se grattent jusqu'à ce qu'ils aient tout le corps en plaie ; la gale se complique alors d'ulcères purulents. Le traitement est fort simple : le malade se baigne dans le fleuve, puis il est enduit sur tout le corps avec une pommade que je prépare au moyen de fleur de soufre, d'huile de palme brute, de restes d'huile provenant de boîtes de sardines, et de savon vert. En outre, je lui mets une provision dans une boîte de fer-blanc qui a contenu du lait stérilisé. Le malade s'en enduira lui-même deux fois, quand il sera rentré chez lui. Le résultat est excellent. Les démangeaisons cessent déjà le second jour. Ma pommade anti-gale m'a rendu célèbre, en quelques semaines, bien loin à la ronde.

Les indigènes ont une très grande confiance en la médecine des blancs. Cela est dû pour une bonne part au fait que les missionnaires de l'Ogooué les ont traités depuis une génération avec dévouement et parfois aussi avec une réelle compétence. Il faut citer en particulier madame Lantz, missionnaire alsacienne à Talagouga, morte en 1906, et M. Robert, missionnaire suisse à N'Gômo, actuellement gravement malade en Europe[1].

Le fait de ne pouvoir loger que peu de médicaments dans mon poulailler me gêne beaucoup dans mon travail. Je suis obligé, presque pour chaque malade, de traverser la cour pour me rendre dans ma chambre y peser ou préparer le médicament dont j'ai besoin ; ces courses sont très fatigantes et me prennent trop de temps.

Quand pourra-t-on entreprendre enfin sérieusement la construction de la baraque en tôle ondulée, destinée à l'hôpital ? Sera-t-elle terminée avant la grande saison des pluies de l'automne ? Que ferai-je si elle ne l'est pas ? Il sera impossible de travailler dans le poulailler pendant la saison chaude.

Je suis également inquiet de n'avoir presque plus de médicaments. La clientèle est bien plus nombreuse que je ne l'avais prévu. J'ai fait de fortes commandes par le courrier

---

1. M. Robert est mort depuis.

de juin, mais les colis ne pourront m'arriver que dans trois ou quatre mois. La quinine, l'antipyrine, le bromure de potassium, le salol et le dermatol sont épuisés, à quelques grammes près.

Mais que sont toutes ces contrariétés passagères en comparaison de la joie de pouvoir agir et apporter un secours si nécessaire ! Si limités que soient les moyens dont je dispose, ce que je puis faire est déjà beaucoup. Voir, par exemple, des malades atteints d'ulcères qui, une fois pansés proprement, ne sont plus obligés de marcher dans la boue avec leurs pieds blessés : c'est une joie qui vaudrait à elle seule la peine de travailler ici. Je voudrais que mes donateurs pussent être là, les lundis et les jeudis, jours consacrés au pansement régulier des ulcères, et assister au départ des malades fraîchement pansés, les uns descendant à pied, les plus atteints portés au bas de la colline ; ou qu'ils voient avec quels gestes éloquents une vieille femme, malade du cœur, me décrit comment la digitale lui a permis de retrouver le souffle et le sommeil, parce que, grâce au médicament, le « ver » s'est enfui jusque tout en bas dans les pieds !

Après deux mois et demi de travail dans cette contrée, je puis affirmer qu'un médecin y est absolument nécessaire, que les indigènes réclament ses soins bien loin à la ronde et qu'il peut, avec des ressources relativement modestes, faire un bien énorme. Les besoins sont grands.

— Chez nous, tout le monde est malade, me disait ces jours-ci un jeune homme. Un vieux chef ajouta :

— Ce pays dévore ses hommes.

IV

DE JUILLET 1913 A JANVIER 1914

Lambaréné, février 1914.

La station missionnaire de Lambaréné est bâtie sur trois collines. La colline située en amont porte à son sommet les bâtiments de l'école des garçons et, sur la pente qui regarde le fleuve, le magasin de la Mission ainsi que la plus grande maison missionnaire. Sur la colline du milieu se trouve la maisonnette du docteur. La colline située en aval est réservée à l'école des filles et à la seconde maison missionnaire. La forêt commence à vingt mètres des maisons. Nous vivons par conséquent entre l'eau et la forêt vierge, sur trois collines qu'il faut défendre chaque année contre la brousse qui cherche sans cesse à reprendre ce qu'on lui a enlevé. Autour des maisons, on a planté des caféiers, des cacaoyers, des citronniers, des orangers, des mandariniers et des manguiers, des palmiers à huile et des papayers. Les noirs ont nommé cet endroit *Andende*. Quelle gratitude n'éprouvons-nous pas envers les premiers missionnaires qui, au prix de tant de peines, ont cultivé ces arbres !

La station missionnaire occupe un espace d'environ 600 mètres de longueur sur 100 à 200 de largeur. Le soir et le dimanche, nous nous y promenons de long en large, sans en sortir. On se décide avec peine à s'engager dans les sentiers de la forêt vierge qui conduisent aux villages voisins, la chaleur y est intolérable. Des deux côtés de l'étroit chemin, la forêt se dresse comme un mur impénétrable, haut de 30 mètres ; pas le moindre souffle d'air. Pendant la saison sèche, on se rend sur les bancs de sable du fleuve, qui émergent alors, pour y aspirer la brise légère qui remonte la vallée.

Le mouvement et l'air nous font également défaut à Lambaréné. On y vit comme dans une prison. Si nous pouvions abattre un coin de la forêt vierge qui limite la station en aval, un peu de la brise du fleuve arriverait jusqu'à nous ; mais nous ne possédons ni le personnel, ni les ressources financières nécessaires à une telle entreprise.

On avait d'abord songé à construire l'hôpital sur la colline où se trouve l'école des garçons. Mais cet emplacement me parut trop à l'écart et trop exigu. Les missionnaires de la station me promirent un terrain au pied de la colline où j'habite, près du fleuve. Cette décision devait être confirmée par la conférence des missionnaires convoquée à Samkita pour la fin de juillet. Je m'y rendis donc avec MM. Ellenberger et Christol, pour exposer mon point de vue. Ce fut mon premier long voyage en pirogue.

Par un matin brumeux, nous partîmes, deux heures avant le jour. A l'avant de l'embarcation, les deux missionnaires et moi étions assis l'un derrière l'autre sur des chaises-longues. Au milieu, on avait placé nos cantines en tôle, des lits de camp pliés, des matelas et des bananes qui constituaient les provisions de voyage des noirs. A l'arrière, en deux rangs, se tenaient les douze pagayeurs, dont le chant rythmé célébrait le but du voyage, et les passagers de la pirogue. Il s'y entremêlait des remarques plaintives sur le travail si matinal et sur la journée qui s'annonçait pénible.

On compte habituellement de dix à douze heures pour remonter les 70 kilomètres qui nous séparent de Samkita. L'embarcation étant très lourdement chargée, nous pouvions prévoir qu'il en faudrait quelques-unes de plus.

Le jour parut comme nous atteignions le courant principal. Autour des énormes bancs de sable, à une distance d'environ trois cents mètres, je vis quelques ombres noires qui se mouvaient dans l'eau. Au même instant, le chant des pagayeurs se tut, comme s'ils obéissaient à un commandement. C'étaient des hippopotames qui prenaient leur bain matinal. Les indigènes les redoutent beaucoup et font de grands détours pour les éviter, car ces animaux sont d'humeur très changeante et se plaisent parfois à renverser les pirogues.

Un missionnaire stationné jadis à Lambaréné avait l'habitude de plaisanter sur les appréhensions de ses pagayeurs et de les pousser à s'approcher des hippopotames. Un jour, comme il s'apprêtait à renouveler son badinage, la pirogue fut projetée en l'air par un de ces animaux qui émergea tout à coup, et le missionnaire et son équipe eurent grand'peine à se tirer d'affaire. Tout son bagage fut perdu. Il a fait découper dans le fond épais de la pirogue la partie trouée par l'animal et il la conserve comme souvenir. Cette histoire, qui s'est passée il y a quelques années, se raconte à tous les blancs qui demandent à leurs pagayeurs de pousser vers les hippopotames.

Les indigènes naviguent toujours très près de la rive, parce que le courant y est plus faible. Parfois il y a même un contre-courant qui circule d'aval en amont. On glisse ainsi le long du rivage, en demeurant le plus possible à l'ombre des arbres qui surplombent l'eau.

La pirogue n'a pas de gouvernail. Le pagayeur posté à la poupe la dirige, d'accord avec celui qui est à la proue et qui a l'œil ouvert sur les bas-fonds, les écueils et les troncs d'arbres.

Les inconvénients les plus désagréables de ces traversées sont la lumière et la chaleur réfléchies par l'eau. On a l'impression d'être assailli de flèches de feu lancées par le miroir scintillant des flots.

Pour calmer notre soif, nous avions avec nous des ananas exquis.

Les mouches tsé-tsé apparurent dès le lever du soleil. Elles ne volent que de jour. Les pires moustiques ne sont, en comparaison, que des êtres inoffensifs. La tsé-tsé a environ une fois et demie la taille de notre mouche commune, à laquelle elle ressemble, si ce n'est que ses ailes, au lieu d'être parallèles, recouvrent son corps comme les deux lames d'une paire de ciseaux.

Pour se gorger de sang, la mouche tsé-tsé pique à travers les tissus les plus épais. Elle est aussi prudente que rusée, et esquive la main qui veut la frapper. Dès qu'elle sent que le corps sur lequel elle s'est posée fait le moindre mouvement, elle s'envole et se cache contre les parois du bateau. Son vol est silencieux. On ne peut s'en défendre dans une certaine mesure qu'au moyen de petits plumeaux. Elle est bien trop avisée pour se poser sur un fond clair où on la découvrirait aussitôt. La meilleure manière de s'en préserver consiste donc à porter des vêtements blancs.

J'ai vu cette règle se confirmer durant notre voyage. Deux d'entre nous étaient habillés de blanc, le troisième avait un vêtement kaki. Ceux-là n'avaient presque pas de tsé-tsé sur eux, mais celui-ci en fut constamment incommodé ; et les noirs eurent le plus à en souffrir.

La mouche tsé-tsé appartient au genre des glossines, qui compte de nombreuses espèces, sous-espèces et variétés en Afrique. La *Glossina palpalis,* qui propage la maladie du sommeil, rentre dans ce groupe.

Nous fîmes halte à midi dans un village indigène. Pendant que nous mangions nos provisions, les noirs firent cuire leurs bananes. Je leur aurais souhaité une nourriture plus fortifiante, étant donné le dur travail qu'ils devaient fournir.

Nous n'arrivâmes que tard dans la nuit.

Cette conférence, qui dura une semaine, me fit très grande impression. J'éprouvai un sentiment de puissant réconfort dans la compagnie d'hommes qui avaient accepté les plus durs sacrifices pour obéir à leur conscience et se consacrer à leurs frères noirs. J'ai joui de cette atmosphère si bienfaisante au cœur.

Ma proposition fut favorablement accueillie. L'emplacement désigné recevra donc la baraque en tôle ondulée et les autres bâtiments de l'hôpital.

Au retour, nous traversâmes deux fois le fleuve pour éviter les hippopotames ; l'un d'eux émergea à cinquante mètres de nous.

Nous n'atteignîmes le petit bras du fleuve qu'à la tombée de la nuit. Pendant une heure, il fallut chercher la passe entre les bancs de sable, et les pagayeurs furent plusieurs fois obligés de descendre dans l'eau pour traîner la pirogue.

Enfin voici l'eau libre. Le chant des pagayeurs devient un hurlement, ce qui fait bientôt surgir des lumières dans le lointain. On les voit descendre en zigzag, puis s'arrêter et former un groupe : ce sont les dames de la station missionnaire, munies de lanternes, qui viennent au débarcadère à la rencontre des voyageurs.

La pirogue fend les flots et accoste la rive avec un grand choc. Cri de triomphe des pagayeurs ! D'innombrables mains noires se tendent vers les caisses, les lits, les cantines et les légumes amenés de Samkita.

— Voici pour M. Christol ! Voilà pour M. Ellenberger !

Voilà pour le docteur ! Prenez-le à deux, c'est trop lourd pour un seul ! Ne le jetez pas ! Attention au fusil ! Halte, pas ici, là-bas !

Enfin tout le chargement est correctement dirigé sur les différentes maisons, et nous remontons joyeusement la colline.

Il s'agissait tout d'abord d'aplanir l'emplacement destiné à l'hôpital et d'enlever un bon nombre de mètres cubes de terre. La Mission eut grand'peine à recruter pour ce travail cinq ouvriers, dont la paresse était extraordinaire. Je finis par perdre patience. M. Rapp, un exploitant forestier de ma connaissance, arrivé avec une caravane pour explorer les forêts environnantes où il voulait acquérir des concessions, s'était installé à la Mission catholique pour y faire sa correspondance. Je m'adressai à lui. Il voulut bien mettre à ma disposition huit de ses vigoureux porteurs, auxquels je promis un beau salaire. Empoignant moi-même la pelle, je donnai l'exemple, tandis que le surveillant noir de la caravane, couché à l'ombre d'un arbre, daignait nous adresser de temps à autre quelques paroles encourageantes.

Au bout de deux jours de travail soutenu, nous avions déblayé et nivelé la place. Les ouvriers se retirèrent, munis de leur salaire. Malgré mes recommandations, ils convertirent malheureusement tout leur argent en eau-de-vie dans une factorerie, et n'arrivèrent chez eux que pendant la nuit, abominablement ivres et hors d'état de travailler le jour suivant.

A présent la construction de l'hôpital peut commencer.

Joseph et moi nous nous chargeons maintenant seuls de la besogne. N'Zeng, parti au mois d'août en permission dans son village, n'est pas rentré à l'époque fixée et a été licencié. Je donne à Joseph 70 francs par mois ; il en recevait 120 à Port-Gentil comme cuisinier, et il a de la peine à admettre que les professions libérales soient bien moins rétribuées que les autres.

Je suis toujours plus surpris du grand nombre d'affections cardiaques. Les indigènes eux-mêmes sont étonnés que je me rende compte de tous leurs maux après les avoir auscultés.

— Cette fois, je crois que c'est un vrai docteur ! s'écriait dernièrement une cardiaque en s'adressant à Joseph. Il sait que souvent je ne puis pas respirer la nuit et que très fréquemment mes pieds sont enflés ; je ne lui en ai pourtant rien dit, et il n'a même pas regardé mes pieds.

Quant à moi, je me dis que la digitale est quelque chose de vraiment merveilleux. Je l'administre en doses d'un dixième de milligramme de digitaline Nativelle. Je suis très satisfait des résultats obtenus par cette méthode.

Il est vrai que le traitement des cardiaques est plus aisé ici qu'en Europe. Si je leur prescris plusieurs semaines de repos, ils n'ont pas à m'objecter qu'ils perdront leur gagne-pain ou leur place, car ils « s'assoient dans leur village ». Leur famille dans la plus large acception du terme les entretient.

Il y a relativement beaucoup moins d'aliénés ici qu'en Europe. J'en ai cependant déjà vu une demi-douzaine. Ils me causent de graves soucis, parce que je ne sais où les caser. Si je les garde à la station, ils font du tapage toute la nuit et je suis obligé de me lever à chaque instant pour les calmer par des injections hypodermiques. Je me souviens de certaines nuits qui m'épuisèrent pour longtemps.

Pendant la saison sèche, il est facile de trouver une solution à ce problème. Je fais camper mes aliénés et ceux qui les accompagnent sur un banc de sable situé à six cents mètres environ.

Le sort de ces pauvres gens est affreux. Pour les rendre inoffensifs, les indigènes essaient de les enfermer ; mais ils parviennent toujours à s'échapper d'une hutte en bambous. Alors on les lie au moyen de cordes de raphia, ce qui les excite encore davantage. On finit par s'en débarrasser d'une façon ou de l'autre.

Un missionnaire de Samkita m'a raconté qu'un dimanche, il y a deux ans, il entendit tout à coup de sa maison de grands cris dans un village voisin. S'étant mis en route pour s'enquérir de ce qui se passait là-bas, il rencontra un indigène. Questionné, celui-ci répondit qu'il n'y avait rien, sinon qu'on extrayait des puces-chiques à des enfants ; que le missionnaire pouvait donc rentrer chez lui tranquillement. Le lendemain il apprit qu'on avait jeté un aliéné dans le fleuve, pieds et poings liés.

Il faisait nuit la première fois que je me trouvai en présence d'un aliéné. On m'avait appelé et conduit auprès d'un palmier auquel était attachée une vieille femme. Devant elle, toute sa famille était assise autour d'un feu. Derrière se dressait la sombre paroi de la forêt vierge. C'était une splendide nuit d'Afrique. Le ciel étoilé scintillait, éclairant toute la scène. J'ordonnai de défaire les liens ; les assistants n'obéirent qu'avec crainte et hésitation. A peine la femme fut-elle délivrée qu'elle se jeta sur moi, saisit ma lanterne et la lança au loin. Les noirs s'enfuirent de tous côtés en criant, et n'osèrent pas même revenir quand la femme que je retenais par la main, obéissant à mes injonctions, s'assit tranquillement à terre et me tendit le bras pour se laisser faire une injection de morphine et de scopolamine. Puis elle me suivit dans une case, où elle s'endormit paisiblement un peu plus tard.

Il s'agissait d'un délire maniaque à retours périodiques. Au bout de quinze jours, la malade fut guérie pour un temps. Là-dessus, le bruit se répandit que le docteur était un grand magicien et pouvait guérir les aliénés.

J'eus malheureusement l'occasion de constater peu après qu'on rencontre ici des cas de délire maniaque contre lesquels nos remèdes sont à peu près impuissants. On m'amena un vieillard, lié de cordes. Celles-ci étaient entrées profondément dans la chair. Ses mains et ses pieds étaient couverts de sang et d'ulcères. A mon grand étonnement, les plus fortes doses de morphine, de scopolamine, de chloral et de bromure restèrent presque sans effet. Le second jour déjà, Joseph me dit :

— Docteur, crois-moi, il est fou parce qu'on l'a « poisonné ». Il n'y a rien à faire pour lui. Il deviendra toujours plus faible et plus méchant, puis finira par mourir.

Les faits lui donnèrent raison. Au bout de quinze jours, le malade était mort. J'appris par un Père de la Mission catholique que cet homme avait jadis volé des femmes et que, pour cette raison, on l'avait persécuté et empoisonné.

Je pus suivre un cas analogue dès son début. Un dimanche soir, on m'amena dans une pirogue une femme qui se tordait de convulsions. Je crus d'abord à un simple cas d'hystérie. Mais le jour suivant, de l'agitation maniaque vint s'ajouter à la tétanie. Pendant la nuit, la malade commença à faire du tapage et à crier. Ici encore, les calmants n'eurent presque pas d'effet ; ses forces diminuèrent rapidement. Les indigènes pensèrent qu'elle avait été empoisonnée, mais il me fut impossible de le vérifier.

D'après tout ce que j'entends dire, il doit bien être vrai qu'on se sert beaucoup de poison dans ce pays ; mais son usage est bien plus fréquent encore au sud de notre région. Les tribus qui vivent entre l'Ogooué et le Congo ont, à cause de cela, mauvaise réputation. Il est vrai que les indigènes attribuent à tort à l'empoisonnement de nombreux décès subits ou inexplicables pour eux.

En tout cas, il doit y avoir ici des sucs végétaux qui possèdent une vertu particulièrement excitante. Des personnes dignes de foi m'ont assuré que les gens du pays peuvent, après avoir consommé certaines feuilles ou racines, pagayer vigoureusement tout un jour sans ressentir ni faim, ni soif, ni fatigue, et en manifestant une gaieté et un entrain toujours croissants.

J'espère pouvoir obtenir avec le temps plus de détails sur ces substances. Ce ne sera pas très facile, car tout est tenu secret. Ceux qu'on soupçonne d'avoir dévoilé quelque chose, et surtout à un blanc, peuvent être certains de ne pas échapper au poison.

J'ai appris d'une façon singulière par Joseph que les sorciers se servent du poison pour maintenir leur autorité. Vers le milieu de la saison sèche, les habitants de son village étaient partis à la pêche sur un banc de sable situé à trois heures en aval. Ces jours de pêche rappellent les fêtes de la moisson de l'Ancien Testament, où le peuple « se réjouissait devant Dieu ». Jeunes et vieux vivent pendant deux semaines sur le banc de sable, sous des tentes faites de branches d'arbres, mangeant à toute heure du jour du poisson frais, bouilli, rôti ou cuit à l'étouffée. Ce qui reste est séché ou fumé. Quand tout va bien, les habitants d'un village rapportent jusqu'à dix mille poissons fumés chez eux.

Lorsqu'on parle de poisson, les yeux de Joseph lui sortent des orbites ; je résolus donc de le laisser suivre son village en pirogue pour la première après-midi de la fête, et je mis à sa disposition un tonnelet dans lequel il pourrait rapporter quelques poissons au docteur. Mais il témoigna peu d'enthousiasme, En le questionnant un peu, j'en découvris les raisons. Le premier jour, on ne pêche pas, mais on consacre l'emplacement. Les « anciens » versent de l'eau-de-vie dans le fleuve et y jettent des feuilles de tabac, pour rendre les mauvais esprits favorables, et les disposer à faire entrer le poisson dans les filets, sans attirer des dommages sur personne. Il y a quelques années, on avait omis ces cérémonies ; il arriva qu'une vieille femme se prit dans un filet et se noya.

— Mais la plupart d'entre vous sont pourtant chrétiens, fis-je observer. Vous ne croyez pas à ces choses.

— Bien sûr, répondit-il, mais quiconque dirait un mot contre cette coutume ou risquerait un sourire pendant qu'on sacrifie aux esprits le tabac et l'eau-de-vie, serait certainement empoisonné tôt ou tard. Les féticheurs ne pardonnent pas. Ils vivent parmi nous sans qu'on les connaisse.

Il resta donc à la maison le premier jour, et je lui permis de descendre un autre jour.

A la peur du poison s'ajoute celle du pouvoir magique et malfaisant qu'un homme peut exercer sur un autre. Les indigènes se figurent qu'il existe des moyens d'acquérir des forces magiques. Quiconque a un véritable fétiche est tout-puissant : il a de la chance à la chasse, il s'enrichit, et il peut appeler le malheur, la maladie et la mort sur ceux auxquels il veut nuire.

L'Européen ne saura jamais à quel point est effroyable la vie de ces malheureux qui passent leur temps dans la crainte des sortilèges dirigés contre eux. Seuls, ceux qui ont vu cette misère de près comprennent que c'est un devoir d'humanité d'enseigner aux peuples primitifs une autre conception du monde et de la vie, pour les délivrer de ces croyances funestes. Les plus grands sceptiques eux-mêmes deviendraient amis des Missions, s'ils pouvaient constater ces faits sur place.

Qu'est-ce que le fétichisme ? Le fétichisme est né du sentiment de la crainte chez l'homme primitif. Celui-ci veut posséder un charme qui le protège contre les mauvais esprits de la nature, contre ceux des morts, et contre la puissance maléfique de ses semblables. Il attribue ce pouvoir protecteur à certains objets qu'il porte sur lui. Il ne rend pas à proprement parler un culte au fétiche, mais il veut utiliser les vertus surnaturelles de cet objet qui lui appartient.

En quoi consiste un fétiche ? Ce qui est de nature insolite passe pour être magique. Un fétiche se compose d'une série d'objets réunis dans un sachet, dans une corne de buffle ou dans une boîte. Ses éléments habituels sont des plumes d'oiseau rouges, de petits paquets de terre rouge, des griffes et des dents de léopards, et... des clochettes européennes de forme ancienne provenant du commerce de troc du XVIIIe siècle. Un noir a établi une petite plantation de cacaoyers vis-à-vis de la station missionnaire. Le fétiche qui doit la protéger est suspendu à un arbre, dans une bouteille bouchée. Aujourd'hui, on enferme les fétiches précieux dans des boîtes de fer-blanc, pour les mettre à l'abri des termites, auxquels nulle boîte de bois ne résiste à la longue.

Il y a de grands et de petits fétiches. Un grand fétiche comprend d'ordinaire un fragment de crâne humain. Mais il faut que l'homme sur lequel on l'a prélevé ait été tué spécialement dans le but d'acquérir un fétiche.

Cet été, un homme âgé a été assassiné dans sa pirogue, à deux heures de notre station. On a découvert le meurtrier. Il paraît établi qu'il a commis son crime pour se procurer un fétiche, grâce auquel il espérait pouvoir amener à composition des gens qui lui devaient de l'argent et des marchandises !

Je possède moi-même un fétiche dont les pièces principales sont deux morceaux de crâne humain, imprégnés de couleur rouge, de forme ovale allongée et qui me paraissent prélevés sur les os pariétaux. Il appartenait à deux malades, mari et femme, qui, depuis des mois, étaient atteints d'insomnies fort pénibles. Le mari entendit plusieurs fois en rêve une voix lui disant que tous deux ne guériraient qu'à la condition d'apporter le fétiche hérité des pères au missionnaire Haug, à N'Gômô, puis de suivre les instructions de ce dernier. Il fit enfin ce qui lui était ordonné. M. Haug me l'envoya, et me fit cadeau du fétiche. Le mari et la femme restèrent plusieurs mois en traitement chez moi. Leur état s'était sensiblement amélioré lorsqu'ils furent congédiés.

L'idée que les os du crâne humain, acquis spécialement dans ce but, possèdent une vertu magique, doit remonter à la plus haute antiquité. J'ai lu récemment dans une revue médicale que les trépanations observées sur les crânes des tombes préhistoriques n'ont aucun rapport avec des tentatives de traitement chirurgical des tumeurs du cerveau, mais servaient à se procurer des fétiches. L'auteur de cette affirmation me semble être dans le vrai.

Jusqu'ici, au cours des neuf mois de mon activité dans ce pays, j'ai traité près de deux mille malades, et j'ai pu constater que la plupart des maladies européennes se recontrent dans ce pays. Cependant je n'ai pas encore vu ni de cancer, ni d'appendicite. Il paraît qu'on n'en trouve point chez les indigènes de l'Afrique équatoriale.

Les refroidissements sont très fréquents ici. Au début de la saison sèche, on entend éternuer et tousser au culte du dimanche à Lambaréné, comme au service de la Saint-Sylvestre en Europe.

Un très grand nombre d'enfants meurent de pneumonies négligées.

Pendant la saison sèche, les nuits sont un peu plus fraîches que d'ordinaire. Comme les noirs manquent de couvertures, ils ont froid dans leurs cases et ne peuvent dormir. Et pourtant les Européens trouvent qu'il fait encore bien chaud. Durant ces nuits froides, le thermomètre marque encore 20 degrés ; mais l'humidité de l'air donne des frissons et une sensation de froid désagréable aux indigènes, rendus sensibles par l'abondante transpiration de la journée. Les blancs eux-mêmes souffrent continuellement de refroidissements et de coryza.

Dans un manuel de médecine tropicale j'ai trouvé cette phrase paradoxale : « Sous le soleil des tropiques il faut surtout prendre garde aux refroidissements. » Elle renferme une bonne part de vérité.

Ce qui est particulièrement funeste aux indigènes, c'est leur habitude de camper sur les bancs de sable pendant leurs tournées de pêche, en été. La plupart des vieillards meurent de pneumonies contractées pendant ces jours de liesse.

Le rhumatisme est plus généralement répandu ici qu'en Europe. Je rencontre aussi passablement de cas de goutte. Et pourtant les indigènes ne mènent guère une vie de ripaille. On ne peut dire qu'ils commettent des excès d'alimentation carnée, puisque, à l'exception des jours d'été où ils consomment du poisson, ils ne vivent que de bananes et de racines de manioc.

Je ne me serais pas attendu à devoir traiter ici des intoxications chroniques dues à la nicotine. Au début, je ne savais à quelle cause attribuer des cas de constipation grave, accompagnés de troubles nerveux, et que tous les purgatifs ne faisaient qu'empirer. En observant et en questionnant minutieusement un fonctionnaire noir, fortement atteint, je compris que j'étais en présence d'un abus de tabac. L'homme fut rapidement guéri. Ce cas fit beaucoup parler de lui, car le malade souffrait depuis des années et était presque incapable de travailler. Dès lors, je demandais immédiatement à chaque malade souffrant de constipation rebelle : « Combien de pipes fumes-tu par jour ? » Et, en quelques semaines, j'appris à connaître les maladies occasionnées par la nicotine.

Le tabac arrive ici en feuilles. Il remplace dans une certaine mesure la menue monnaie. On achète, par exemple, deux ananas pour une feuille de tabac valant environ sept centimes. Tous les petits services se paient en feuilles de tabac. Ces feuilles sont de qualité très médiocre et d'une forte teneur en nicotine. Sept feuilles de tabac entrelacées forment une « tête de tabac », qui vaut environ cinquante centimes. Le tabac est importé d'Amérique sous cette forme, en grandes caisses. Lorsqu'on part en voyage, on emporte, non de l'argent, mais une caisse de feuilles de tabac, que l'on échange en route contre les vivres destinés aux pagayeurs. Et, pour empêcher que les indigènes ne pillent en chemin le contenu de cette précieuse caisse, on est forcé de s'asseoir dessus pendant la traversée en pirogue. Ce tabac de traite est beaucoup plus violent que celui dont les blancs font usage.

C'est chez les femmes que je constate la plus forte proportion d'intoxications par la nicotine. Joseph m'explique que les indigènes souffrent beaucoup d'insomnie et fument toute la nuit pour s'étourdir. Pendant les voyages en pirogue, la pipe passe de bouche en bouche. Si l'on veut avancer à bonne allure, on promet aux pagayeurs deux feuilles de tabac par tête, et l'on peut être certain de gagner ainsi une ou deux heures.

Les indigènes souffrent aussi beaucoup des dents. Nombreux sont ceux de nos malades qui ont une gingivite purulente, provenant d'un excès de tartre dentaire. Avec le temps, toutes les dents se déchaussent et tombent. Chose singulière, cette affection se guérit beaucoup mieux ici qu'en Europe, où les méthodes les plus compliquées ne réussissent souvent pas. J'ai obtenu de bons résultats par des badigeonnages réguliers avec une dissolution alcoolique de thymol ; mais il faut veiller à ce que le malade n'absorbe pas de ce liquide, qui est toxique.

Les indigènes s'étonnent que je réussisse à extraire des dents qui ne branlent pas encore. Le davier bien nickelé n'inspire pas confiance à tout le monde. Un chef, tourmenté par une dent cariée, ne voulut pas la laisser extraire sans aller d'abord chez lui soumettre la question à ses femmes. Le conseil de famille doit avoir conclu négativement, car le malade ne reparut pas.

D'autres, par contre, me demandent de leur arracher toutes les dents et d'en faire venir de nouvelles d'Europe. Plusieurs vieillards ont en effet reçu, par l'entremise des missionnaires, des dents « faites par les blancs » et sont fort enviés par les autres.

Les tumeurs bénignes de l'abdomen (fibromes) sont assez fréquentes chez les femmes. J'ai constaté plusieurs cas d'hystérie.

En vain j'avais espéré que je n'aurais pas de sérieuse opération à faire avant l'achèvement de ma baraque médicale. Le 15 août, je fus obligé d'opérer d'une hernie étranglée un indigène arrivé la veille au soir. Cet homme, nommé Aïnda, me supplia d'intervenir, parce que, comme tous les indigènes, il connaissait bien les dangers de son état. Et il n'y avait vraiment pas de temps à perdre. On rassembla en hâte les instruments dispersés dans plusieurs caisses. M. Christol mit à ma disposition, comme salle d'opération, le dortoir de ses boys. Ma femme fut chargée de la narcose ; un missionnaire fonctionna comme assistant. Je fus profondément ému par la confiance avec laquelle Aïnda se plaça sur la table d'opération. Tout alla bien, au delà de ce que j'aurais osé espérer.

Un médecin militaire, venu de l'intérieur et qui part en congé en Europe, m'envie d'avoir été si bien assisté lors de ma première opération de hernie. Pour la sienne, il était aidé par un forçat noir qui administrait le chloroforme au petit bonheur, tandis qu'un autre forçat lui tendait les instruments. Chacun de leurs mouvements faisait s'entrechoquer les chaînes à leurs pieds. Son infirmier était tombé malade, et il n'y avait personne pour le remplacer. L'asepsie fut naturellement imparfaite, mais le malade guérit.

Je venais à peine d'écrire ces lignes, en cet après-midi du 10 janvier, que je dus me rendre en hâte au débarcadère. Madame Georges Faure, missionnaire à N'Gômô, gravement atteinte de paludisme, arrivait en bateau à moteur. J'avais à peine terminé la première injection intramusculaire de quinine, qu'une pirogue m'amenait un jeune homme dont la cuisse droite avait été fracturée et affreusement déchiquetée par un hippopotame, dans le lac de Sonangué.

Il rentrait à la maison avec un compagnon, venant de la pêche. Dans le voisinage du débarcadère de leur village, un hippopotame émergea subitement et projeta la pirogue en l'air. Son camarade put se sauver ; quant à lui, poursuivi dans l'eau pendant une demi-heure par l'animal furieux, il parvint enfin à atteindre la rive, bien qu'il eût une cuisse brisée. Je craignais une forte infection traumatique, car, pour ce voyage de douze heures en pirogue, on lui avait enveloppé la jambe déchiquetée dans des linges malpropres.

Il m'est arrivé, avec des hippopotames, une aventure qui a heureusement bien fini.

C'était un soir d'automne ; un planteur m'avait fait appeler. Pour arriver chez lui, nous devions passer par un étroit canal, long d'une cinquantaine de mètres, où le courant était impétueux. A son extrémité, nous aperçûmes au loin deux hippopotames. Pour le retour, la nuit étant tombée, les propriétaires de la factorerie me conseillèrent de faire un détour de deux heures, afin d'éviter les hippopotames et le canal étroit. Mais mes pagayeurs étaient si fatigués que je ne voulus pas leur imposer ce surcroît d'effort. A peine étions-nous à l'entrée du canal que deux hippopotames émergèrent à trente mètres devant nous. Leurs beuglements rappelaient, quoique plus retentissants, le bruit que font les enfants qui jouent de la trompette avec un arrosoir. Les pagayeurs se hâtèrent vers la rive, où le courant était moins violent ; les hippopotames nous accompagnèrent, en nageant le long de l'autre bord. Nous n'avancions que centimètre par centimètre. C'était merveilleusement beau et passionnant. Quelques troncs de palmiers embourbés émergeaient au milieu du courant, et vacillaient comme des roseaux.

Sur le rivage, la forêt vierge dressait son mur noir. Un clair de lune féerique éclairait toute la scène. Les pagayeurs haletants s'excitaient à voix basse ; et les hippopotames élevaient leurs têtes informes au-dessus de l'eau et nous jetaient des regards courroucés.

Au bout d'un quart d'heure, nous étions sortis du canàl et descendions le petit bras du fleuve. Les hippopotames nous envoyèrent un beuglement d'adieu. Je me jurai de ne plus regarder dorénavant à un détour de deux heures pour éviter la rencontre de ces intéressants animaux. Mais je ne voudrais pas ne point avoir vécu ces instants d'une inquiétante beauté.

Le 1ᵉʳ novembre, je fus de nouveau appelé à N'Gômô. Madame Faure ayant circulé par mégarde en plein air sans porter son casque de liège, était atteinte de fièvre et d'autres symptômes inquiétants.

Le vieil Africain qui m'avait averti sur le paquebot avait raison : notre grand ennemi, en Afrique, c'est le soleil. Dans une factorerie un blanc qui s'était allongé après son repas avait été exposé pendant quelques instants aux rayons solaires qui passaient par un petit trou du toit. Il n'en fallut pas davantage pour déterminer une forte fièvre, accompagnée de délire.

Un autre Européen perdit son casque, sa chaloupe ayant chaviré. A peine était-il parvenu à se jucher à califourchon sur la quille de l'embarcation renversée, qu'il se rendit compte du danger ; il ôta son veston et sa chemise pour s'en couvrir la tête. Mais c'était déjà trop tard : une grave insolation s'ensuivit.

Le conducteur d'un petit vapeur de commerce avait une

I - Rives de l'Ogooué

II - Vapeur fluvial sur l'Ogooué

III a - La maisonnette du docteur vue de près et de côté

III b - La maisonnette du docteur vue de loin et de face

IV - La baraque en tôle ondulée et les cases de l'hôpital de Lambaréné
Au premier plan, buissons de caféiers

V - L'infirmier Joseph pansant des ulcères devant l'hôpital
A l'arrière-plan, les couchettes des malades protégées par leurs moustiquaires

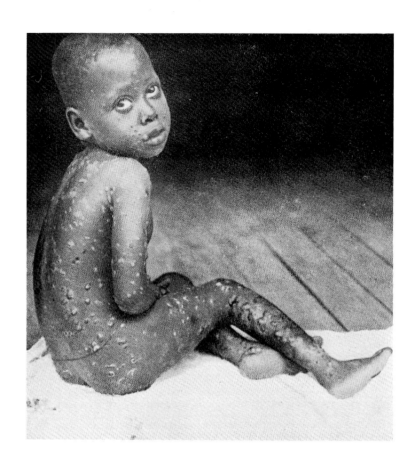

VI - Enfant indigène atteint du pian

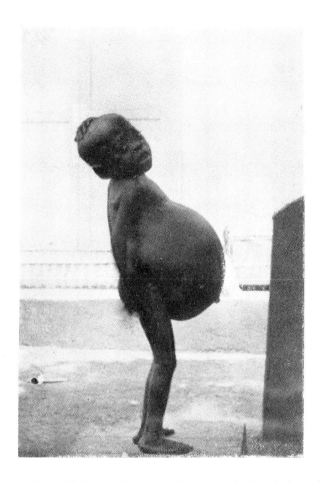

VII - Enfant indigène atteint de paludisme avec hydropisie (ascite)
Le liquide amassé dans l'abdomen le rend horriblement difforme

VIII - Jeunes garçons pahouins de Lambaréné

réparation à exécuter à la quille d'un bateau tiré sur la grève. Dans l'ardeur du travail, il ne prit pas garde que le soleil l'atteignait à la nuque, sous son casque ; il fut à deux doigts de la mort.

Un blanc, qui avait lui-même souffert d'une insolation, fut assez aimable pour offrir à la station de N'Gômô d'aller me chercher avec son petit vapeur. Ma femme m'accompagna pour soigner madame Faure.

Suivant le conseil d'un médecin colonial expérimenté, je traitai l'insolation comme s'il s'agissait en même temps d'un cas de malaria et fis une injection intramusculaire de quinine. Il est démontré que l'insolation est surtout dangereuse pour les personnes infectées de paludisme. Certains médecins prétendent même que la moitié des symptômes doit être mise au compte de l'accès de paludisme déclenché par l'insolation.

En outre, dans les cas de ce genre, le malade, qui ne peut rien avaler ou qui rejette tout, doit cependant prendre du liquide, afin de prévenir le danger d'une lésion des reins pouvant entraîner la mort. La meilleure manière d'y parvenir consiste à lui administrer par injection hypodermique 300 centimètres cubes de sérum physiologique, c'est-à-dire d'une solution de chlorure de sodium à sept pour mille stérilisée.

En rentrant de N'Gômô, nous eûmes la surprise d'apprendre que la baraque en tôle de l'hôpital était terminée. Quinze jours plus tard, son aménagement intérieur était également achevé dans ses parties essentielles. Joseph et moi effectuâmes le déménagement du poulailler et fîmes notre installation dans le nouveau bâtiment, avec le précieux concours de ma femme.

Les deux missionnaires-artisans, MM. Kast et Ottmann, méritent de vifs remerciements pour cette construction. M. Kast est Suisse, M. Ottmann Argentin. Il me fut précieux de pouvoir discuter avec eux tous les détails. Ils eurent l'amabilité de tenir compte de toutes les considérations dictées par les exigences médicales. Notre baraque, si simple et si exiguë qu'elle soit, est ainsi conçue d'une façon extrêmement pratique. On a tiré parti de tous les recoins.

Elle a deux pièces, mesurant chacune quatre mètres sur quatre ; la première sert de chambre de consultation, la seconde de salle d'opération. Il y a en outre deux petits locaux accessoires placés sous le large avant-toit ; l'un sert de pharmacie, l'autre de laboratoire pour les stérilisations.

Le plancher est en ciment ; les fenêtres, très grandes, atteignent presque le toit. Cette disposition permet à l'air chaud de s'échapper, au lieu de rester emprisonné sous la toiture. Chacun constate avec étonnement qu'il fait frais chez moi. Sous les tropiques les baraques en tôle, fort décriées comme accumulant une chaleur intolérable, deviennent tolérables dès qu'on prévoit dans la construction que le soleil ne puisse frapper les parois et que l'air chaud ait la possibilité de s'échapper vers le haut.

Les fenêtres sont garnies, non de vitres, mais de fins treillis métalliques qui arrêtent les moustiques. Des volets sont nécessaires, à cause des tornades.

Le long des parois sont disposés de larges rayons, dont plusieurs en bois d'essences précieuses. Nous n'avions plus de planches ordinaires. Il eût été beaucoup plus coûteux d'en faire scier de nouvelles que d'utiliser les meilleures sortes de notre stock, et cela nous aurait en outre retardés de plusieurs mois dans notre travail.

Sous le toit, en guise de plafond, un tissu blanc, fortement tendu, empêche les moustiques entrés par les fissures du toit de pénétrer dans les chambres.

Dans le courant de décembre, la salle d'attente et une baraque destinée à hospitaliser les malades furent terminées. Ces deux constructions sont faites comme les grandes cases des indigènes, en bois non façonné et avec des parois et des toits en feuilles de raphia. J'ai dirigé moi-même, aidé par les conseils de M. Christol, une partie des travaux de construction. Le dortoir des malades mesure treize mètres sur six. Une grande case sert d'habitation à Joseph.

Ces bâtiments sont placés de chaque côté d'un chemin, long d'environ vingt-cinq mètres, qui va de la baraque en tôle ondulée au débarcadère où abordent les pirogues des malades. Il est ombragé d'un manguier de toute beauté.

Lorsque le toit du dortoir fut achevé, je dessinai sur le sol argileux, avec un bâton pointu, seize grands rectangles. Chacun d'eux représentait un lit. Entre ces carrés, je ménageai des couloirs.

On appela alors les malades et leurs parents qui s'étaient jusque-là casés tant bien que mal sous le hangar à pirogues de la station. Chaque malade fut mis dans un de ces rectangles et eut ainsi son lit. On remit aux parents des haches, pour faire des bois de lit ; une corde d'écorce fixée à un pieu indiquait la hauteur qu'ils devaient avoir.

Un quart d'heure plus tard, les pirogues voguaient en amont et en aval pour aller chercher les bois.

Le soir venu, les lits étaient achevés. Ils sont faits de quatre pieux solides, terminés en fourches, sur lesquels reposent des rondins de bois entrecroisés, le tout lié au moyen de lianes. De l'herbe sèche sert de matelas.

Ces couchettes sont à cinquante centimètres du sol, pour qu'on puisse mettre des caisses, des ustensiles de cuisine et des bananes dessous. Les malades apportent eux-mêmes leurs moustiquaires. Quand les lits ne suffisent pas, ceux qui accompagnent les malades dorment par terre.

On ne sépare pas les sexes dans le grand dortoir. Les indigènes campent selon leur habitude. Je me contente de veiller à ce que les bien portants ne s'attribuent pas un lit et obligent les malades à coucher sur le sol. Il me reste encore plusieurs grandes cases à construire pour héberger mes clients, parce qu'un seul dortoir ne suffit pas. Je dois aussi avoir des locaux où je puisse isoler les malades contagieux, surtout les dysentériques. La besogne ne me manque donc pas en plus de la médecine. Je ne puis pas hospitaliser les malades de sommeil de façon permanente. Ils constituent un danger pour la station missionnaire. Plus tard on construira pour eux une case sur l'autre rive du fleuve, sur un emplacement isolé.

L'achèvement de la baraque médicale permet enfin à
« Madame Docteur », comme disent les noirs, de déployer
toute son activité. Dans le poulailler il y avait à peine de la
place pour Joseph et pour moi.

Ma femme partage avec moi la tâche d'initier Joseph au
nettoyage des instruments et à la préparation des opérations.
Elle a en outre le département de la lingerie à diriger. Les
lessives pour l'hôpital lui donnent beaucoup à faire, les bandes souillées ou infectées devant être nettoyées à temps et
suffisamment bouillies. Elle arrive exactement à dix heures
du matin, reste jusqu'à midi et veille au maintien de l'ordre.

Il faut savoir combien le plus simple des ménages en Afrique est compliqué pour se rendre compte de ce que représente pour ma femme l'obligation de consacrer en outre la
plus grande partie de la matinée et bon nombre d'après-midi
à la médecine, puisqu'elle se charge des narcoses pendant les
opérations. Cette complication a deux raisons : l'usage strictement établi ici de séparer les fonctions des serviteurs indigènes et le peu de confiance qu'on peut leur accorder. Nous
sommes obligés d'avoir trois employés : un boy, un cuisinier
et un blanchisseur. Il ne faut pas songer à remettre le travail
du blanchisseur au boy ou au cuisinier, comme on pourrait
parfaitement le faire dans les petits ménages ; une trop
grande quantité de linge venant de l'hôpital s'ajoute au linge
de maison. A part cela, une bonne européenne quelque peu

active pourrait à elle seule expédier toute la besogne. Le cuisinicr ne s'occupe que de ce qui concerne la cuisine ; le blanchisseur ne fait que laver et repasser ; le boy ne donne ses soins qu'aux chambres et au poulailler. Celui qui a terminé son travail « s'assied ».

On est forcé de faire soi-même le travail qui ne relève pas d'une profession exactement délimitée. Il est impossible, dans ce pays, d'obtenir des domestiques féminins. Madame Christol a comme bonne d'enfant de sa fillette, âgée de deux ans, un garçon indigène de quatorze ans, nommé M'bourou.

Tous les employés, même les meilleurs, sont si peu sûrs qu'on évite de les exposer à la moindre tentation. En d'autres termes, on ne peut jamais les laisser seuls à la maison. Tant qu'ils y travaillent, ma femme est obligée d'y rester avec eux. De plus, tout ce qui pourrait exciter leur convoitise doit être constamment tenu sous clef. Le matin on remet au cuisinier juste ce dont il a besoin pour préparer nos repas ; tant de riz, tant de graisse, tant de pommes de terre. Il n'a à la cuisine qu'une petite provision de sel, de farine et d'épices. Lorsqu'il a omis de demander quelque chose, ma femme doit remonter de l'hôpital à la maison pour le lui donner.

Les serviteurs indigènes ne se froissent point qu'on ne les laisse pas seuls dans une chambre, qu'on mette tout sous clef devant eux et qu'on ne leur confie aucune provision. Euxmêmes nous obligent à observer ces mesures de prudence, afin qu'ils ne puissent être rendus responsables des larcins éventuels. Joseph exige que je ferme la pharmacie à clef, même quand je dois me rendre pour deux minutes seulement de la baraque en tôle au dortoir des malades et le laisser seul dans la chambre de consultation d'où l'on pénètre dans la pharmacie. Lorsqu'un Européen ne prend pas ces précautions, les noirs le volent en toute conscience. Ce qui n'est pas sous clef « traîne », comme dit Joseph. Il est permis de tout dérober à quelqu'un de si peu ordonné. L'indigène a la malheureuse habitude de faire main basse, non seulement sur ce qui a quelque valeur pour lui, mais aussi sur ce qui l'attire momentanément. On a volé à M. Rambaud, missionnaire à Samkita, plusieurs volumes d'un ouvrage auquel il tenait beaucoup. De ma bibliothèque ont disparu la transcription pour piano des *Maîtres chanteurs* de Wagner et l'exemplaire de la *Passion selon saint Matthieu,* de Bach, dans lequel j'avais noté l'accompagnement pour orgue que j'avais élaboré avec grand soin, d'après la basse chiffrée ! On est parfois désespéré de ne se sentir jamais en sûreté contre le vol le plus stupide ; l'existence devient terriblement compliquée quand on doit tenir toujours tout sous clef et se transformer ainsi en trousseau ambulant.

Si l'on écoutait les noirs, il faudrait maintenant opérer tous les jours. Les hernieux se querellent à qui passera le premier sous le bistouri. Mais, pour le moment, nous n'arrivons pas à dépasser deux ou trois opérations par semaine, sinon ma femme ne parviendrait pas à faire face aux préparatifs, ainsi qu'aux nettoyages et à la mise en place des instruments. Je ne serais pas non plus en mesure de suffire à tout le travail. Je suis souvent obligé d'opérer l'après-midi, après avoir fait des pansements et donné des consultations toute la matinée jusqu'à une heure ou même plus tard. Or, dans ce pays il est imprudent de s'imposer la même somme de travail que sous d'autres latitudes.

Joseph condescend à ramasser les tampons tachés de sang après les opérations et à laver les instruments ensanglantés, ce qui témoigne d'une très remarquable absence de préjugés. D'ordinaire, un indigène ne touche à rien qui soit souillé de sang ou de pus, parce que cela le rend impur, religieusement parlant.

Dans certaines régions de l'Afrique équatoriale, il est difficile d'amener les noirs à se laisser opérer. J'ignore comment il se fait que ceux de l'Ogooué se précipitent littéralement sur la table d'opération. Cela vient sans doute de ce qu'un médecin militaire, nommé Jorryguibert, qui avait séjourné pendant un certain temps chez l'administrateur de Lambaréné, il y a quelques années, a fait ici avec succès bon nombre d'opérations. Je récolte ce qu'il a semé.

J'eus récemment à opérer un cas assez rare que plus d'un chirurgien célèbre pourrait m'envier. Il s'agissait d'une hernie étranglée dite lombaire, faisant saillie sous les côtes postérieures. Ce cas présentait toutes les complications possibles. Je n'avais pas achevé mon travail quand la nuit tomba. Joseph dut m'éclairer à la lampe pour les dernières sutures. Le malade guérit.

J'ai fait sensation en opérant un jeune garçon chez lequel

un fragment d'os purulent, long comme la main, sortait du tibia depuis un an et demi. Il s'agissait d'une ostéomyélite. La sécrétion putride avait une odeur si infecte que personne ne pouvait supporter de rester dans son voisinage. Le sujet lui-même était maigre comme un squelette. Il est maintenant tout rond et bien portant, et commence à faire ses premiers pas.

Jusqu'à présent toutes les opérations ont eu une heureuse issue. La confiance des indigènes s'en trouve augmentée à un point qui m'effraye.

Ce qui leur en impose le plus, c'est la narcose. Ils en parlent beaucoup. Les jeunes filles de notre école sont en correspondance avec une école du dimanche en Europe. On peut lire dans une de leurs lettres : « Depuis que le docteur est ici, il nous est donné de voir des choses étonnantes. Il tue d'abord les malades, puis les guérit ; ensuite il les ressuscite ».

Pour les indigènes, une narcose est en effet la mort. Quand quelqu'un veut me faire savoir qu'il a eu une attaque d'apoplexie, il dit : « J'étais mort. »

Il y a des opérés qui manifestent leur reconnaissance par des actes. L'homme qui fut délivré le 15 août d'une hernie étranglée, rassembla parmi sa parenté vingt francs « pour payer au docteur le fil coûteux avec lequel il recoud le ventre ».

L'oncle du jeune garçon opéré d'ostéomyélite, menuisier de profession, travailla quinze jours pour moi, et me fabriqua des armoires avec de vieilles caisses.

Un négociant noir m'offrit ses ouvriers pour recouvrir à temps le toit de mon habitation avant les pluies.

Un autre me rendit visite pour me remercier d'être venu pour les indigènes ; il me remit vingt francs pour la caisse de l'hôpital.

Un autre malade fit cadeau à ma femme d'une chicote (fouet en peau d'hippopotame). Lorsqu'on a abattu un hippopotame, on découpe la peau, qui a un ou deux centimètres d'épaisseur, en bandes de quatre centimètres de largeur sur un mètre et demi de longueur ; puis on tend ces bandes sur une planche, après les avoir tordues en spirales ; quand elles sont sèches, elles deviennent ces instruments de torture redoutés, longs d'un mètre et demi, élastiques et à arêtes aiguës.

Depuis quelques semaines je suis occupé à ranger les médicaments arrivés en octobre et en novembre. Les réserves sont logées dans une petite baraque en tôle ondulée, sur la colline, mise à ma disposition après le départ de M. Ellenberger. L'oncle du jeune garçon que j'ai opéré y a fait les armoires et rayons nécessaires. Fabriqués au moyen de planches clouées ensemble, provenant de caisses et portant encore les inscriptions apposées pour la traversée, ces meubles ne sont pas beaux ; mais je puis tout y loger, et c'est l'essentiel. On devient peu exigeant en Afrique.

Je me faisais du souci au sujet des frais qu'occasionnent ces envois considérables de médicaments, de gaze et de coton hydrophile. Or le courrier de décembre m'a apporté la nouvelle de plusieurs dons en faveur de mon œuvre. Quel soulagement ! Comment remercier assez ces chers amis et tous ceux qui s'intéressent à notre entreprise ?

Un objet me revient à Lambaréné à peu près au triple de son prix d'achat en Europe. Cela tient au coût de l'emballage, qui doit être extrêmement soigné, aux frais du transport par chemin de fer, de l'embarquement, du fret maritime et fluvial, de la douane coloniale, et aux fortes pertes dues à la grande chaleur et à l'humidité ou au traitement brutal du chargement et du débarquement.

Nos santés continuent à être bonnes. Pas trace de fièvre ; mais nous aurions besoin de quelques jours de repos.

A l'instant où je termine ces lignes, arrive un homme âgé atteint de lèpre. Il est venu avec sa femme de la lagune de Fernan Vaz, située au sud du cap Lopez, qui est en communication avec l'Ogooué par un bras du fleuve. Ces deux pauvres gens ont remonté le courant à la pagaie pendant plus de trois cents kilomètres, et ils sont si exténués qu'ils peuvent à peine se tenir debout.

V

DE JANVIER A JUIN 1914

Lambaréné, fin juin 1914.

J'AI passé la fin de janvier et le commencement de février avec ma femme à Talagouga, pour y soigner le missionnaire Hermann, atteint de furonculose généralisée avec forte fièvre ; je m'occupais en même temps des malades des environs.

Parmi ceux-ci se trouvait un petit garçon qui paraissait épouvanté et se débattait, ne voulant pas entrer dans la chambre de consultation. On dut l'y traîner de vive force. J'appris plus tard qu'il se figurait que le docteur voulait l'égorger et le manger.

Le pauvret connaissait l'anthropophagie, non par des contes de nourrice, mais par l'horrible réalité, car à l'heure présente cette coutume n'a pas encore entièrement disparu chez les Pahouins. Il est difficile de faire des constatations sur la fréquence actuelle de cette pratique, parce que les indigènes, craignant de graves punitions, en tiennent tous les cas secrets. Il y a quelque temps, un homme des environs de Lambaréné s'en alla dans des villages éloignés pour relancer des débiteurs en retard. Il ne revint pas. Un ouvrier de Samkita a également disparu. Ceux qui connaissent la contrée prétendent qu'ici disparu est parfois synonyme de mangé.

Les indigènes n'ont pas encore complètement supprimé l'esclavage chez eux, malgré les efforts du gouvernement et de la Mission. A vrai dire, on ne le pratique pas ouvertement. Parfois je remarque, parmi les compagnons de mes malades, une physionomie dont les traits ne sont pas ceux des noirs établis ici ou dans les environs. Quand je demande si c'est un esclave, on m'affirme, avec un sourire bizarre, que ce n'est qu'un serviteur.

Le sort de ces esclaves inavoués n'est pas dur. Il est rare qu'ils subissent de mauvais traitements. Aussi ne songent-ils guère à s'enfuir et à se mettre sous la protection du gouvernement. Si l'on ouvre une enquête, ils affirment d'ordinaire avec obstination qu'ils ne sont pas esclaves. On les admet fréquemment dans la communauté de la tribu, au bout d'un certain nombre d'années, ce qui les rend libres et leur donne comme un nouveau droit de cité. C'est ce dernier avantage qui leur importe en première ligne.

La persistance de l'esclavage clandestin sur le Bas-Ogooué résulte probablement de la famine qui règne à l'intérieur du pays. L'Afrique équatoriale ne possède ni céréales, ni arbres fruitiers autochtones. Le bananier, le manioc, l'igname, la patate et le palmier à huile ont été importés des Antilles par les Portugais, qui ont été par ce fait les grands bienfaiteurs de l'Afrique équatoriale. La famine sévit en permanence dans les régions où ces utiles végétaux ne sont pas encore parvenus. C'est pourquoi, pour que leurs enfants aient assez à manger, les indigènes de ces régions les vendent aux habitants du Bas-Ogooué.

La région du cours supérieur de la N'Gounié, affluent de l'Ogooué, doit être un de ces centres de disette, car la plupart des esclaves domestiques de l'Ogooué proviennent de là. De la même région me sont venus des malades qui appartiennent à la catégorie des « mangeurs de terre ». La faim pousse en effet ces indigènes à prendre l'habitude de manger de la terre, habitude qu'ils conservent même lorsqu'ils ont des aliments normaux en suffisance.

On peut constater aujourd'hui encore que le palmier à huile a été importé dans l'Ogooué. Sur les rives du fleuve et des lacs, où il y avait autrefois des villages et où il en existe encore, on trouve des forêts entières de ces palmiers. Mais lorsqu'on pénètre par les sentiers dans les régions de la forêt où il n'y a pas eu d'établissements humains, on n'en rencontre plus aucun.

En revenant de Talagouga, nous demeurâmes deux jours à Samkita, chez le missionnaire alsacien Léon Morel et sa femme.

Samkita est la station des léopards. Un de ces fauves avait fait irruption, par une nuit d'automne, dans le poulailler de madame Morel. Réveillé par les cris des volailles, son mari se hâta d'aller chercher du secours, pendant qu'elle faisait le guet dans l'obscurité. Ils supposaient qu'un indigène s'y était introduit pour se procurer un rôti. Entendant du bruit sur le toit, madame Morel s'approcha du poulailler pour essayer de reconnaître l'intrus. Mais celui-ci, d'un bond puissant, avait déjà disparu dans la nuit. Lorsqu'on ouvrit la porte, vingt-deux poules gisaient mortes sur le sol, la poitrine déchirée. Seul le léopard tue ses victimes de cette façon, pour se repaître de leur sang. On enleva les cadavres ; l'un d'eux, farci de strychnine, fut laissé devant la porte. Deux heures plus tard, le léopard revint et le dévora ; M. Morel tua le fauve d'un coup de feu, tandis qu'il se tordait de convulsions.

Peu avant notre arrivée, un autre léopard avait fait son apparition près de Samkita et déchiré plusieurs chèvres.

Nous mangeâmes pour la première fois de la viande de singe chez le missionnaire Cadier, qui est grand chasseur.

Les noirs sont un peu mécontents de moi, parce que je ne fais guère usage de mon fusil. Un jour, pendant une tournée en pirogue, nous passâmes près d'un caïman qui dormait sur un tronc d'arbre émergeant de l'eau ; je le contemplais au lieu de le tirer : c'était un comble !

— Tu n'es bon à rien ! me firent dire les pagayeurs par leur interprète. Si nous étions avec M. Cadier, il nous aurait tiré depuis longtemps un ou deux gros singes et quelques oiseaux, pour que nous ayons de la viande. Mais toi, tu passes à côté d'un caïman et tu ne saisis pas aussitôt ton fusil !

J'accepte le reproche. Je n'aime pas tuer les oiseaux qui décrivent leurs orbes au-dessus de l'eau. Les singes n'ont rien à redouter de mon fusil. On peut en abattre ou en blesser souvent trois ou quatre successivement, sans parvenir à les ramasser. Ils restent suspendus dans l'épaisse ramure de l'arbre ou tombent dans les taillis d'un marécage où il est impossible de s'aventurer. Et si l'on découvre le cadavre, il n'est pas rare de trouver avec lui un malheureux petit singe qui se cramponne en gémissant au corps encore chaud de sa mère.

J'utilise mon fusil pour tirer les serpents qui abondent dans l'herbe, autour de ma maison, et pour tuer les oiseaux de proie qui pillent les nids des oiseaux tisserands sur les palmiers, devant chez moi.

En revenant de Samkita, nous rencontrâmes un troupeau de quinze hippopotames. Tous les animaux s'étaient déjà précipités dans l'eau, mais un petit se promenait encore sur le banc de sable, et refusait d'obéir à sa mère qui l'appelait avec angoisse.

Joseph s'est bien acquitté de ses obligations et a soigné les opérés avec intelligence. De sa propre initiative, il a pansé le bras suppurant d'un noir avec de l'eau oxygénée, qu'il dut préparer d'abord au moyen de perborate de soude.

L'état du jeune homme blessé par un hippopotame avait gravement empiré. Mon absence de trois semaines m'avait empêché de l'opérer à temps. Il mourut pendant que je tentais en toute hâte l'amputation de la cuisse.

L'homme qui l'avait accompagné à la partie de pêche si fâcheusement terminée était venu pour aider à le soigner. Le frère de l'agonisant jetait sur ce compagnon des regards menaçants, puis il lui parla longuement à voix basse. Tandis que le cadavre se refroidissait, le ton de la discussion monta. Joseph me prit à part et m'expliqua l'incident. N'Kendjou, qui accompagnait le défunt à la pêche, était avec lui lorsqu'ils furent attaqués par l'hippopotame, et c'est lui qui avait proposé ce jour-là au jeune homme de venir pêcher. D'après la coutume indigène, il était responsable de l'accident. Il avait donc été obligé de quitter son village et de rester durant toutes ces semaines près du blessé. Or, comme on devait ramener le mort dans son village, en aval du fleuve, le frère exigea qu'il l'accompagnât pour que le litige fût réglé là-bas immédiatement. Mais lui s'y refusait, sachant bien que la mort l'attendait. J'expliquai au frère que je considérais N'Kendjou comme étant à mon service et ne le laisserais pas partir. Là-dessus, nous échangeâmes des propos très vifs, tandis qu'on couchait le cadavre dans une pirogue, et que sa mère et ses tantes entonnaient les lamentations funèbres. Le frère prétendait qu'on ne voulait pas mettre N'Kendjou à mort, mais lui faire payer une indemnité. De son côté, Joseph me disait qu'il ne fallait pas ajouter foi à ces assurances. Je fus obligé de rester sur le rivage jusqu'au départ de la pirogue, sinon N'Kendjou aurait été entraîné de vive force dans l'embarcation.

Ma femme était très indignée de voir que l'indigène ne témoignait aucune douleur pendant l'agonie de son frère, et ne songeait qu'au règlement du litige. En cela elle lui faisait tort. Cet homme, qui se préoccupait sur-le-champ de ne pas laisser échapper à la justice celui qui était, à son avis, responsable de la mort de son frère, remplissait un devoir sacré.

Le noir ne peut pas concevoir qu'un délit demeure impuni. En cela il pense conformément à la doctrine du philosophe Hegel. A ses yeux, le côté juridique d'une affaire reste toujours au premier plan. Aussi la discussion des questions de droit occupe-t-elle une grande partie de son temps. Les pires procéduriers d'Europe sont d'innocents écoliers à côté des noirs. Mais leur mobile n'est point la rage de plaider. Ils sont poussés par un sens inné du caractère intangible de la justice, sens que l'Européen ne possède plus au même degré.

Comme je faisais une ponction à un Pahouin atteint d'hydropisie, il me dit :

— Docteur, fais en sorte que l'eau s'écoule vite, que je puisse de nouveau respirer et marcher. Quand mon ventre est devenu si gros, ma femme m'a quitté, et je dois me hâter de réclamer l'argent que j'ai payé quand je l'ai épousée.

On m'a amené un enfant dans un état désespéré. Sa jambe droite était rongée par un ulcère jusqu'à la hanche.

— Pourquoi n'êtes-vous pas venus plus tôt ?

— Docteur, nous ne pouvions pas ; nous avions encore un palabre à régler.

On nomme palabre toute discussion qui aboutit à un règlement juridique. Grandes et petites affaires se traitent avec le même sérieux et la même lenteur. Au sujet d'une poule, les parties discuteront une après-midi entière devant les anciens du village. Tout indigène est un plaideur né. Les notions juridiques sont fort compliquées par le fait que le domaine de la responsabilité est, à notre sens, très vaste. La famille d'un noir est responsable des dettes de celui-ci, jusqu'au degré de parenté le plus éloigné. Les amendes sont aussi excessivement sévères. Si un homme s'est servi illégalement pendant une journée de la pirogue d'un autre, il devra payer, à titre d'indemnité, le tiers de la valeur de l'embarcation.

Grâce à ce sens inaltéré de la justice, l'indigène accepte la punition comme une chose qui va absolument de soi, même quand cette punition est, à notre avis, disproportionnée au délit commis. S'il n'était pas puni, il ne pourrait se l'expliquer autrement qu'en prenant ses victimes pour de pauvres imbéciles. Par contre, la moindre condamnation injuste le met dans une grande excitation ; il ne l'oubliera jamais.

Le noir ne juge une punition juste que s'il a été réellement convaincu et obligé d'avouer. Tant qu'il peut nier avec un semblant quelconque de véracité, il manifestera son indignation la plus honnête, même s'il est réellement coupable. Quiconque a affaire à lui doit tenir compte de cette mentalité particulière de l'homme primitif.

Il va sans dire que N'Kendjou doit payer des dommages-intérêts à la famille de son compagnon à cette malheureuse partie de pêche, bien que sa mort ne puisse lui être imputée que d'une façon très relative. Mais la famille devra porter plainte contre lui devant le tribunal du district de Lambaréné, selon la procédure régulière. Jusqu'à nouvel avis, il restera à mon service comme second infirmier. C'est un véritable primitif, mais il se montre assez adroit.

Je suis toujours satisfait de Joseph. Il est vrai qu'il ne sait ni lire, ni écrire ; cependant, il ne se trompe pas lorsqu'il doit chercher un médicament à la pharmacie. Il se souvient de l'image que dessine l'inscription de l'étiquette et lit ainsi sans connaître les lettres. Sa mémoire est prodigieuse et il a un don remarquable pour les langues. Il parle huit dialectes indigènes et ne connaît pas mal le français et l'anglais.

Pour le moment, il est célibataire. Lorsqu'il était cuisinier, sa femme l'a abandonné pour vivre avec un blanc. Le prix d'achat d'une nouvelle compagne serait d'environ six cents francs. Cette somme, il pourrait la payer par acomptes mensuels. Mais Joseph ne veut pas d'une femme à crédit ; à son point de vue, ce serait une mauvaise affaire.

— Quand l'un de nous, me dit-il, n'a pas entièrement payé sa femme, il a la vie dure. Son épouse ne lui obéit pas. Elle lui fait remarquer à tout propos qu'il n'a rien à lui dire, puisqu'elle n'est pas encore payée.

Comme Joseph ne s'entend guère mieux que ses congénères à économiser, je lui ai constitué une tirelire pour l'achat d'une femme. On y verse toutes les gratifications provenant des veilles nocturnes et des services extraordinaires, ainsi que les pourboires des malades blancs.

J'ai pu récemment constater la prodigalité de celui qui s'intitule « premier infirmier du docteur de Lambaréné ». Il m'accompagnait dans une factorerie pour un achat de clous et de vis. Il y tomba en arrêt devant une paire de chaussures vernies dont le prix atteignait à peu près son salaire mensuel. C'étaient des escarpins, que le soleil avait longtemps grillés dans quelque vitrine parisienne, et qui étaient tout fendillés. Ils avaient pris ensuite la route de l'Afrique comme tant d'autres articles de friperie. Les regards sévères que j'adressai à Joseph ne servirent à rien. Je n'osais lui déconseiller ouvertement cet achat, de crainte d'indisposer à mon égard le négociant blanc qui se réjouissait de liquider ce rossignol. En vain lui administrai-je à la dérobée quelques bourrades, pendant qu'une bande de badauds indigènes nous bloquaient contre le comptoir. Je finis par le pincer dans la cuisse aussi fort que je pus, sans qu'on me vît, jusqu'à ce que la douleur lui devînt intolérable et qu'il arrêtât ses marchandages avec le négociant blanc. Une fois installés dans notre pirogue, je lui tins un long discours sur sa tendance enfantine à la prodigalité. En voici le résultat : dès le lendemain, il se rendit en secret à la factorerie et y acheta ses souliers vernis. Une bonne moitié de ce qu'il gagne à mon service passe en vêtements, chaussures, cravates et sucre. Il est vêtu bien plus élégamment que moi.

Le travail n'a fait qu'augmenter durant ces derniers mois. L'emplacement de mon hôpital est excellent. D'amont et d'aval on peut m'amener les malades et parcourir en pirogue des centaines de kilomètres sur l'Ogooué et ses affluents. Les malades viennent d'autant plus nombreux que je peux aussi loger convenablement ceux qui les accompagnent. Dernière cause de ce succès : on me trouve toujours chez moi, excepté lorsque je suis obligé — le cas ne s'est présenté que deux ou trois fois jusqu'ici — de me rendre à l'une ou l'autre station pour y soigner un missionnaire gravement malade ou un membre de sa famille. L'indigène qui entreprend un long voyage pour me consulter, et qui en accepte les fatigues et les frais, a donc la certitude de me trouver. C'est le grand avantage que le médecin indépendant a sur celui du gouvernement. Ce dernier est fréquemment envoyé à gauche et à droite, ou obligé d'accompagner des colonnes militaires pour un temps assez long.

Un médecin militaire qui passait dernièrement à la station me disait :

— Vous ne pouvez assez vous rendre compte quel avantage vous avez en outre de n'être pas, comme nous, forcé de perdre un temps infini en écritures, rapports et statistiques.

La case destinée aux gens atteints de la maladie du sommeil, est actuellement en construction sur la rive opposée. Elle me coûte non seulement beaucoup d'argent, mais aussi beaucoup de temps. Les ouvriers engagés pour défricher la forêt et construire la case ne font rien quand je ne les surveille pas moi-même. Je suis obligé de négliger mes malades pendant des après-midi entières pour faire le contremaître là-bas.

La maladie du sommeil est encore plus répandue ici que je ne le supposais au début. Son foyer principal se trouve dans le territoire de la N'Gounié, affluent de l'Ogooué, à environ cent cinquante kilomètres d'ici. On en trouve aussi des foyers isolés autour de Lambaréné et sur les lacs au delà de N'Gômô.

Qu'est-ce que la maladie du sommeil ? Comment se propage-t-elle ?

Elle semble avoir toujours existé dans l'Afrique équatoriale ; mais elle restait limitée à ses foyers, parce qu'on ne voyageait pas. Les indigènes, en effet, avaient organisé le commerce de la manière suivante : de la mer à l'intérieur et vice versa, chaque tribu amenait les marchandises jusqu'à la limite de son territoire, où les marchands de la tribu voisine venaient les prendre. De ma fenêtre, je vois la N'Gounié déboucher dans l'Ogooué. Les Galoas qui habitent autour de Lambaréné pouvaient venir jusque-là ; ceux qui dépassaient ce point et s'avançaient dans l'intérieur étaient mangés.

Les Européens, une fois débarqués dans le pays, emmenèrent leurs équipes de pagayeurs et de porteurs d'une contrée à l'autre. S'il y avait parmi eux des sujets atteints de la maladie du sommeil, ils importaient cette maladie. On l'ignorait autrefois sur les rives de l'Ogooué. Ce sont des porteurs de Loango qui l'y propagèrent, il y a une trentaine d'années.

Quand la maladie du sommeil atteint une nouvelle contrée, elle y produit tout d'abord d'énormes ravages ; son premier assaut peut emporter le tiers de la population. Dans le district de l'Ouganda, par exemple, elle abaissa en six ans le chiffre des indigènes de trois cent mille à cent mille. Un officier m'a raconté qu'il avait vu dans le Haut-Ogooué un village comptant environ deux mille habitants. Lorsqu'il y revint deux ans plus tard, il n'en trouva plus que cinq cents ; les autres avaient entre temps péri de la maladie du sommeil.

Lorsque la maladie du sommeil est établie quelque temps dans une contrée, elle perd sa virulence première, sans qu'on puisse expliquer ce fait ; elle continue cependant à faire régulièrement des victimes. Elle peut aussi reprendre subitement son allure dévastatrice.

Le mal commence par des accès de fièvre irréguliers, tantôt plus forts, tantôt plus faibles, qui disparaissent et réapparaissent pendant plusieurs mois, sans que le sujet se sente vraiment malade. Certains passent presque directement de l'état de santé au sommeil. Mais on éprouve ordinairement de violents maux de tête pendant la période fébrile. Combien de malades ai-je vus se présenter devant moi en disant :

— Docteur, ma tête, ma tête ! Je ne puis plus vivre !

Une insomnie torturante précède souvent la phase du sommeil. Certains malades accusent des troubles mentaux au début de la maladie, ils sont atteints de mélancolie ou de surexcitation maniaque. L'un de mes premiers malades de ce genre était un jeune homme qu'on m'amena parce qu'il voulait se noyer.

La fièvre est généralement accompagnée de douleurs rhumatismales. Un blanc de la région des lacs, près de N'Gômô, vint me voir pour une sciatique. Je poussai l'examen à fond : c'était le début de la maladie du sommeil. Je l'expédiai immédiatement à l'Institut Pasteur, à Paris, où l'on soigne les Français atteints de la maladie du sommeil.

Les malades accusent très souvent une disparition inquiétante de la mémoire. Il n'est point rare que ce soit là le premier symptôme qui donne l'éveil à leur entourage.

Le sommeil commence parfois deux ans seulement après les premières fièvres ; ce n'est d'abord, habituellement, qu'un grand besoin de dormir : le malade s'assoupit dès qu'il est assis tranquillement ou qu'il a mangé.

J'ai eu récemment la visite d'un sous-officier blanc de Mouila, à six jours de voyage d'ici ; il s'était logé une balle dans la main en nettoyant son revolver. Il séjournait à la Mission catholique. Quand il venait se faire panser, son ordonnance noire l'accompagnait et attendait dehors. Lorsque ce malade me quittait, il fallait presque chaque fois chercher et appeler son ordonnance, jusqu'à ce qu'enfin il débouchât d'un coin quelconque, les yeux ensommeillés. Son maître se plaignit à moi de l'avoir perdu plusieurs fois déjà, parce qu'il avait l'habitude de s'endormir de longues heures, où qu'il se trouvât. J'examinai le sang du noir et découvris qu'il était atteint de la maladie du sommeil.

Le sommeil finit par devenir toujours plus profond et se transforme en coma. Les malades gisent insensibles et indifférents, émettent leur urine et leurs fèces sans s'en rendre compte, et maigrissent toujours davantage. Des eschares provoquent sur le dos et les côtés la formation d'ulcères qui s'étendent de plus en plus. Les genoux sont remontés vers le menton. Le tableau est atroce.

La mort libératrice se fait souvent attendre longtemps. Parfois même survient une amélioration d'une certaine durée. En décembre, j'avais traité un malade dans cette dernière phase ; au bout de quatre semaines, les siens se hâtèrent de l'emmener, afin qu'il pût au moins mourir dans son village. J'attendais moi-même sa fin à bref délai. J'ai appris ces jours-ci qu'il s'était, pour un temps, remis à manger, à parler et à s'asseoir, et n'était mort qu'en avril.

Le plus souvent, c'est une pneumonie qui amène la fin.

La connaissance de la maladie du sommeil est l'une des conquêtes les plus récentes de la science médicale. Les noms de Ford, Castellani, Bruce, Dutton, Koch, Martin et Lebœuf sont attachés à cette découverte.

La première description de la maladie du sommeil date de 1803, d'après les cas observés sur des indigènes de Sierra Leone. Elle fut ensuite étudiée sur des noirs transportés d'Afrique aux Antilles et à la Martinique. Vers 1860 seulement, on entreprit des observations étendues en Afrique même. Elles ne conduisirent tout d'abord qu'à la description plus précise de la dernière phase de la maladie. On ignorait que celle-ci fût précédée d'autres manifestations.

Personne ne pouvait s'imaginer qu'il y eût un rapport entre des fièvres réapparaissant durant des années et la maladie du sommeil. Ce ne fut possible que par la découverte du même agent pathogène dans les deux affections.

En 1901, deux médecins anglais, Ford et Dutton, examinant au microscope le sang de fiévreux de la Gambie, n'y trouvèrent pas les parasites de la malaria qu'ils s'attendaient à y rencontrer, mais y découvrirent de petits organismes mobiles dont ils comparèrent la forme à des mèches de vilebrequin en rotation et les nommèrent pour cette raison trypanosomes (corps perceurs). Deux ans plus tard, les chefs d'une expédition anglaise envoyée dans l'Ouganda pour étudier la maladie du sommeil, découvrirent également de petits organismes mobiles chez un certain nombre de malades. Connaissant les publications de Ford et Dutton, ils se demandèrent si ces corps ne seraient pas identiques aux organismes trouvés sur les fiévreux de la Gambie ; en examinant de leur côté des fiévreux, ils y constatèrent le même agent pathogène que chez les sujets atteints de la maladie du sommeil. Ainsi fut démontré que la « fièvre gambienne » n'est qu'un premier stade de la maladie du sommeil.

La maladie du sommeil (trypanosomiase), se transmet surtout par la *Glossina palpalis,* variété de la mouche tsé-tsé. Lorsque cet insecte s'est infecté en suçant le sang d'un sujet atteint de la maladie du sommeil, il la propage longtemps, peut-être pendant toute sa vie. Les trypanosomes recueillis avec le sang du malade se conservent et se multiplient dans le corps de la glossine, puis pénètrent avec la salive dans

maladie du sommeil durant la phase où elle ne provoque encore que des fièvres. S'il y réussit, il peut entreprendre le traitement avec quelque chance d'aboutir à une guérison.

Dans les contrées où la maladie du sommeil entre en ligne de compte la consultation est donc fort compliquée. Pour chaque fièvre, chaque mal de tête persistant, chaque insomnie chronique et chaque douleur rhumatismale tenace, on est obligé de recourir à l'examen microscopique du sang. Par malheur, la recherche des trypanosomes dans le sang, loin d'être simple, exige énormément de temps. Il est en effet très rare que ces parasites se trouvent en grand nombre dans le sang. Je n'ai vu, pour ma part que de très rares cas où plusieurs de ces micro-organismes se trouvaient ensemble dans le champ du microscope. Même lorsque la maladie est certaine, on peut à l'ordinaire examiner successivement plusieurs gouttes de sang avant de découvrir un trypanosome. De plus, il faut dix minutes au moins pour examiner à fond une goutte de sang. Quand, donc, on a travaillé pendant une heure sur le sang d'un malade suspect, et examiné quatre ou cinq gouttes sans rien trouver, on ne peut encore affirmer qu'il n'ait pas la maladie du sommeil : on est obligé de recourir à un procédé dont l'application est plus compliquée encore. Il consiste à extraire d'une veine du bras dix centimètres cubes de sang, qu'on centrifuge selon les règles déterminées, en décantant toujours les couches supérieures, puis en recueillant sous le microscope les dernières gouttes, dans lesquelles les trypanosomes doivent se trouver. Si, de nouveau, le résultat est négatif, on ne peut cependant encore prétendre avec certitude que ce ne soit pas la maladie du sommeil. Il faut renouveler l'examen.

Quelques malades dont la fièvre ou le mal de tête sont suspects peuvent me retenir au microscope pendant toute une matinée, si je veux faire consciencieusement mes investigations. Mais dehors attendent vingt malades qui veulent être expédiés avant midi ! Et il faut panser les opérés ! Il faut distiller de l'eau, préparer des médicaments, traiter des ulcères, extraire des dents ! Ces tracasseries et l'impatience des malades m'énervent souvent au point que je ne me reconnais pas moi-même.

L'atoxyl, le seul médicament que nous possédons à présent pour le traitement de la maladie du sommeil, se donne en injections sous-cutanées. Il s'agit d'une matière dangereuse. Exposée à la lumière pendant quelque temps, sa solution se décompose et agit comme un poison. Alors même qu'elle est préparée d'une manière impeccable et n'est pas altérée, elle peut provoquer la cécité, en attaquant le nerf optique.

Mes patients atteints de la maladie du sommeil viennent tous les cinq jours se présenter à l'injection. Avant de commencer, je m'informe, non sans anxiété, si aucun d'eux n'a remarqué une altération de sa vue. Heureusement, je n'ai eu jusqu'ici qu'un cas de cécité à constater chez un malade déjà gravement atteint.

Pour le moment, la maladie du sommeil s'est propagée de la côte orientale de l'Afrique jusqu'à la côte occidentale, et du Niger au Zambèze. Pourrons-nous la maîtriser ? La lutte systématique dans ces territoires immenses exigera un grand nombre de médecins et d'infirmiers et beaucoup, beaucoup d'argent... Et là où la mort s'avance déjà victorieuse, les puissances européennes lésinent sur les moyens de l'arrêter, pour lui procurer en échange, par des armements insensés, la possibilité d'une nouvelle moisson en Europe.

A part la maladie du sommeil, c'est le traitement des ulcères qui me prend le plus de temps. Les ulcères sont ici infiniment plus fréquents qu'en Europe. Le quart des enfants de notre école a constamment des ulcères. Quelle en est l'origine ?

Un grand nombre d'ulcères proviennent de la puce-chique des sables (*Rhynchroprion penetrans*). Cette puce est beaucoup plus petite que la puce ordinaire. Sa femelle pénètre dans la partie la plus molle des orteils, de préférence sous l'ongle, et atteint sous la peau la grosseur d'une petite lentille. L'extraction du parasite provoque la formation de petites plaies ; survienne une infection au contact de la boue, il se produit une sorte de gangrène qui fait souvent tomber l'orteil ou l'une de ses phalanges. Dans ce pays, les indigènes qui ont leurs dix orteils complets sont presque plus rares que ceux dont un ou plusieurs orteils sont mutilés. Il est intéressant de noter que la puce-chique, qui est devenue un fléau de l'Afrique centrale, n'y a pas toujours été connue, car elle fut importée de l'Amérique du Sud, en 1872 seulement. En une dizaine d'années, elle a pris possession, en pénétration pacifique, du continent noir de l'Atlantique à l'Océan Indien. L'une des fourmis les plus voraces que nous ayons ici, dite *sangounagenta,* est également arrivée de l'Amérique du Sud, dans des caisses, avec des marchandises.

D'autres ulcères sont causés par la maladie dite *framboesia* ou pian. Elle recouvre parfois tout le corps. Son nom vient de ce que son premier symptôme se manifeste par des éruptions saillantes, recouvertes d'une croûte jaunâtre. Lorsqu'on enlève cette croûte, apparaît une surface légèrement sanguinolente, et l'éruption présente vraiment l'aspect d'une framboise appliquée sur la peau. Un jour, on m'apporta un nourrisson qui s'était infecté au sein de sa mère ; on aurait dit qu'il avait été enduit d'une substance collante et roulé dans les framboises. Quand ces premières éruptions ont disparu, des ulcères se produisent sur différentes régions du corps pendant des années.

Cette maladie, répandue dans toutes les terres tropicales, est très contagieuse. Presque tous les indigènes y passent. Le traitement employé jadis consistait à tamponner les ulcères avec une dissolution aqueuse de sulfate de cuivre, et à administrer aux malades par jour deux à quatre grammes d'iodure de potassium dissous dans de l'eau. On a constaté depuis un certain temps que des injections de novarsénobenzol dans les veines du bras procurent une guérison rapide et durable. Les ulcères disparaissent alors comme par enchantement.

Les pires de tous sont les ulcères phagédéniques des tropiques. Les douleurs que provoquent ces ulcères sont terribles. De plus ils dégagent une puanteur telle que personne ne peut supporter le voisinage des malades. Ils restent couchés dans une hutte où on leur apporte à manger. Ils maigrissent de plus en plus, et meurent après de grandes souffrances. Ces ulcères sont très répandus dans la région de l'Ogooué. La désinfection et les pansements n'ont aucun résultat. On est obligé d'endormir le malade et de cureter très soigneusement l'ulcère jusqu'aux tissus sains. Quand on a terminé ce travail, durant lequel le sang coule à flots, on lave avec une solution de permanganate de potasse. Ensuite on doit s'assurer chaque jour qu'il ne se forme plus de pus dans tel ou tel coin. Si c'est le cas il faut aussitôt refaire le curetage de la région en question. Des semaines et des mois peuvent s'écouler jusqu'à la guérison de l'ulcère. Que de pansements y passent ! Et quelle dépense pour nourrir le malade pendant tout ce temps ! Mais quelle joie aussi de le voir monter dans sa pirogue pour retourner chez lui, heureux d'être débarrassé de sa douloureuse et nauséabonde misère !

Les lépreux me donnent également beaucoup à faire. La lèpre provient d'un bacille parent de celui de la tuberculose, bacille découvert en 1871 par le médecin norvégien Hansen. Ici, on ne peut songer à isoler les lépreux. J'en compte parfois quatre ou cinq dans mon hôpital, parmi les autres malades.

On est obligé d'admettre que la lèpre se propage d'un individu à l'autre, quoique l'on ne soit pas encore parvenu à démontrer comment, ni à réaliser expérimentalement la transmission de la maladie. Le seul médicament dont on dispose contre elle est l'huile de chaulmoogra qui s'extrait des semences d'un arbre des Indes. Cette huile est fort chère, et malheureusement celle qu'on trouve dans le commerce n'est en général pas pure. Je me procure la mienne par l'entremise de M. Ph. Delord, ancien missionnaire originaire de la Suisse romande, qui s'est beaucoup occupé des lépreux pendant son ministère en Nouvelle-Calédonie. D'après ses indications, je mélange ce médicament, dont le goût est très désagréable, avec de l'huile de sésame qui le rend plus aisé à supporter. On préconise aussi depuis quelque temps d'administrer l'huile de chaulmoogra en injections intramusculaires.

Peut-on obtenir des guérisons certaines et durables de la lèpre ? C'est douteux. Mais l'on obtient dans certains cas, assez rares, hélas, des améliorations et un arrêt prolongé des progrès de la maladie, ce qui est déjà quelque chose.

De même que tous les médecins des régions tropicales, j'ai beaucoup à m'occuper de la fièvre paludéenne, ou malaria des tropiques. Les indigènes trouvent tout naturel que chacun éprouve de temps en temps des frissons et de la fièvre. Les enfants en pâtissent beaucoup. La rate, qui s'enfle sous l'effet de cette maladie et devient dure et douloureuse, fait saillie dans l'abdomen comme une pierre dure, en-dessous des côtes gauches. Il n'est pas rare qu'elle arrive jusque près du nombril. Quand je place ces enfants sur une table pour les examiner, ils recouvrent instinctivement la région de la rate avec leurs bras et leurs mains, parce qu'ils ont peur que je ne touche par mégarde la « pierre » douloureuse. L'indigène atteint de malaria est un pauvre être fatigué, abattu, tourmenté de maux de tête. Tout travail lui est pénible. On sait que la malaria persistante est toujours accompagnée d'anémie. Les médicaments employés sont l'arsenic et la quinine. Notre cuisinier, notre boy et notre laveur prennent deux fois par semaine un demi-gramme de quinine. Un produit à base d'arsenic, l'arrhénal, utilisé en même temps que la quinine, a la propriété d'en renforcer considérablement les effets ; je l'utilise beaucoup en injections sous-cutanées, chez les malades blancs comme chez les noirs.

Parmi les fléaux qui sévissent en Afrique, n'oublions pas la dysenterie amibienne. Les amibes qui en sont la cause sont des êtres unicellulaires. Ces parasites s'établissent dans le gros intestin et provoquent des lésions de la paroi intestinale. Les douleurs qui en résultent sont atroces. Sans cesse, jour et nuit, le malade éprouve des envies d'aller à la selle. Mais il n'évacue que du sang et des glaires. Autrefois, le traitement de cette dysenterie, très commune ici, était fort long et, en somme, peu efficace. Le seul remède employé, la racine d'ipéca pulvérisée, ne pouvait être administrée en doses suffisamment actives, parce que, prise par la bouche, cette poudre provoque des vomissements. Depuis quelques années, on se sert du principe actif tiré de l'ipéca, c'est-à-dire du chlorhydrate d'émétine. Injecté sous la peau plusieurs jours de suite en solution à 1 %, à la dose de 6 à 8 centimètres cubes par jour, il produit aussitôt une amélioration et habituellement une guérison durable. Les effets de ce traitement tiennent du miracle.

Les guérisons produites par ces deux nouveaux remèdes,

le novarsénobenzol et l'émétine, valent à elles seules la peine, pour un médecin, d'aller en Afrique équatoriale aider les indigènes.

En fait d'opérations, on n'entreprend naturellement dans la forêt vierge que celles qui sont urgentes et promettent un succès certain. Les plus fréquentes sont celles des hernies. Les indigènes de l'Afrique centrale sont beaucoup plus affectés de hernies que les blancs. Nous ignorons pourquoi. Les hernies étranglées sont donc bien plus répandues chez eux qu'en Europe. Dans la hernie étranglée, il y a obstruction complète de l'intestin. Les gaz qui s'y forment en augmentent le volume ; cette dilatation cause de violentes douleurs. Après plusieurs jours de tortures, la mort survient, si l'on ne réussit pas à réduire à temps la hernie. Nos ancêtres ont eu souvent l'occasion de voir cette mort terrible. Elle a pratiquement disparu aujourd'hui en Europe ; toute hernie étranglée est opérée dès qu'elle est diagnostiquée par le médecin. « Ne laissez pas le soleil se coucher sur une hernie étranglée », tel est l'axiome que le professeur de chirurgie répète sans cesse à ses étudiants. Mais en Afrique, cette mort horrible est chose commune. Dès son plus jeune âge le noir a déjà vu des hommes se tordre en hurlant pendant des jours sur le sable de leur hutte, jusqu'à ce que la mort les délivre. Aussi à peine un homme se rend-il compte de l'étranglement de sa hernie, qu'il supplie les siens de le mettre dans une pirogue et de l'amener vers moi.

Les femmes sont beaucoup plus rarement atteintes de hernies que les hommes.

Comment décrire ce que je ressens lorsqu'on m'amène un
de ces malheureux ! Je suis le seul à des centaines de kilomètres à la ronde qui puisse le soulager. Parce que je suis
ici, parce que mes amis me fournissent les moyens de séjour-
ner ici, il sera sauvé, comme ceux qui sont venus avant lui
dans le même cas et ceux qui viendront ensuite, alors que,
sans moi, il succomberait à ses tortures. Il mourra à son
tour, certes, puisque c'est notre sort à tous ; mais pouvoir
le délivrer de ses horribles souffrances m'apparaît comme
une grâce suprême, toujours renouvelée. La douleur est un
despote plus terrible que la mort.

Je place ma main sur le front du malheureux qui gémit et
lui dis :

— Sois tranquille. Dans une heure tu dormiras, et quand
tu te réveilleras, tu n'auras plus mal.

Je lui administre alors une injection de morphine. Ma
femme, aidée de Joseph, prépare tout ce qu'il faut ; pendant
l'opération, elle fait la narcose. Joseph, muni de longs gants
de caoutchouc, fonctionne comme assistant.

L'opération est terminée. Dans le dortoir sombre, je surveille le réveil du malade. A peine a-t-il repris ses sens qu'il
jette autour de lui un regard étonné, en répétant à plusieurs
reprises :

— Mais je n'ai plus mal ! je n'ai plus mal !

Sa main noire cherche la mienne et ne veut plus la quitter.
Alors je commence à lui raconter, ainsi qu'aux assistants,

que c'est le Seigneur Jésus qui a ordonné au docteur et à sa femme de venir dans l'Ogooué, et qu'il y a en Europe des hommes blancs qui nous donnent les moyens de vivre ici pour les malades. Puis je dois répondre à leurs demandes au sujet de ces personnes qui s'intéressent à eux. Qui sont-elles ? Où demeurent-elles ? Comment ont-elles connaissance des souffrances physiques des indigènes ? Les rayons du soleil d'Afrique éclairent la case sombre à travers les buissons de caféiers. Et noirs et blancs nous réalisons la parole du Christ :

« Vous êtes tous frères. »

Ah ! Si les amis d'Europe qui nous procurent les moyens d'agir ici pouvaient être avec nous en de pareils moments !...

VI

LES EXPLOITANTS FORESTIERS

Port-Gentil, 25-29 juillet 1914.

U N abcès, pour l'incision duquel je croyais avoir besoin du médecin de Port-Gentil m'a obligé subitement à descendre dans cette localité. Heureusement l'abcès s'est ouvert de lui-même dès notre arrivée. Il n'y a donc plus de complications à prévoir. M. Fourier, agent d'une maison d'exploitation forestière, dont la femme a passé deux mois chez nous, à Lambaréné, pour y faire ses couches, a l'amabilité de nous héberger, ma femme et moi, dans sa maison. Il est le petit-fils du philosophe et sociologue français Charles Fourier (1772-1837) dont j'ai étudié les théories sociales alors que j'étais étudiant à Paris. Et voici que son arrière-petit-fils est venu au monde chez moi, dans la forêt vierge.

Je ne puis encore me mouvoir et, sur la véranda, je passe toute la journée sur une chaise longue, en compagnie de ma femme. Nous contemplons la mer et respirons avec délice la brise fraîche de l'océan. Cet air en mouvement nous paraît, à lui seul, quelque chose d'exquis. A Lambaréné, il n'y a jamais de vent, excepté pendant les tornades.

Je profite de mes loisirs forcés pour noter quelques détails sur l'exploitation forestière dans la région de l'Ogooué.

Il n'y a qu'une vingtaine d'années qu'on s'est mis à exploiter les vastes forêts de l'Afrique équatoriale. Cette tâche n'est point aussi aisée qu'elle peut le paraître. Des bois magnifiques poussent là en quantité ; mais comment les abattre et les transporter ?

En règle générale seuls ont de la valeur, à l'heure actuelle, les bois qui se trouvent à proximité de l'eau. A un kilomètre du fleuve, d'un lac ou d'une crique communiquant avec un bras du fleuve, l'arbre le plus splendide est presque à l'abri de la hache. A quoi bon l'abattre, si on ne peut le transporter.

Construire des chemins de fer Decauville pour amener les bois au bord de l'eau est ici assez difficile. Le sol de la forêt vierge est traversé par de gigantesques racines et entrecoupé de marécages. Quel travail et quelles dépenses pour déblayer le terrain, faire abattre les arbres et combler le sol marécageux, ne fût-ce que pour quelques centaines de mètres, surtout dans un terrain accidenté ! Les Decauville ne peuvent s'établir ici sans frais excessifs que sur des terrains particulièrement favorables. Dans la forêt vierge on se rend compte à quel point l'homme est impuissant en face de la nature. Il est donc indiqué d'opérer de la façon la plus simple. C'est d'ailleurs nécessaire, puisque l'on ne dispose pour ce travail que d'hommes primitifs... et encore ceux-ci sont-ils en nombre insuffisant. Il a été question de faire venir des ouvriers annamites et chinois. De pareils essais n'ont aucune chance de réussir. Les étrangers ne peuvent travailler dans les forêts vierges africaines, parce qu'ils ne supportent ni le climat, ni le campement en forêt, et qu'on ne peut les nourrir avec les ressources qu'offre ce pays.

Tout d'abord, il s'agit de découvrir un emplacement favorable. Dans la forêt vierge, les arbres des espèces les plus diverses croissent pêle-mêle. L'abatage n'est rémunérateur que là où les arbres de l'essence recherchée se trouvent en nombre suffisant à proximité de l'eau. Ces emplacements, connus des indigènes, sont ordinairement situés à une certaine distance à l'intérieur de la forêt. Mais pendant les hautes eaux, un étroit cours d'eau ou une crique se changeant en lac les met en communication avec le fleuve. Les noirs gardent pour eux le secret de ces emplacements, et s'ingénient à égarer le blanc qui en recherche dans la région. Un Européen m'a raconté que, pendant plus de deux mois, les hommes d'un village avaient accepté de sa part de riches cadeaux de tabac, d'eau-de-vie et de tissus, en échange de quoi ils allaient chaque jour avec lui à la recherche de bons emplacements. Mais il n'en trouva aucun qui lui promît un rendement de quelque valeur. Par une conversation entendue fortuitement, il apprit enfin qu'on le détournait intentionnellement des bons endroits, ce qui, bien entendu, mit fin aux bonnes relations.

Presque tous les bois situés à proximité immédiate du fleuve et des rivières ont déjà été abattus.

La moitié des forêts environ est donnée en concessions à des compagnies européennes. Le reste est libre. Chacun, blanc ou noir, peut y abattre du bois où cela lui convient. Les compagnies permettent souvent aux indigènes d'abattre du bois à volonté dans leurs concessions comme s'il s'agissait de forêts libres à condition de vendre le bois abattu à la compagnie concessionnaire et non à d'autres exploitants forestiers [1].

Ici, la grande affaire n'est pas de posséder des forêts, mais d'avoir du bois abattu. Les bois que les noirs coupent pour leur propre compte et offrent en vente reviennent en somme moins cher que ceux qui ont été abattus par les Européens avec des travailleurs salariés. Mais on ne peut compter sur les livraisons des indigènes. Ils célébreront des fêtes ou entreprendront des campagnes de pêche au moment où la demande de bois est justement la plus forte. Aussi chaque maison, tout en achetant des bois aux indigènes, en fait-elle également couper par ses propres travailleurs.

Lorsqu'un emplacement favorable a été découvert, les hommes d'un village, groupés pour cette exploitation, ou le blanc avec ses travailleurs s'y installent. On commence par

1. Depuis la guerre de 1914 il n'y a plus de forêts libres. Mais les indigènes sont autorisés à présent à prendre eux-mêmes des concessions forestières de 250 à 500 hectares à bon compte.

établir le campement et construire des cases en bambou. C'est le ravitaillement qui cause les plus grandes difficultés. Où se procurer, dans ce pays de forêts, de quoi nourrir pendant des semaines ou des mois soixante à cent hommes ? Les villages et les plantations les plus rapprochés sont peut-être à cinquante kilomètres. On ne peut s'y rendre que par un voyage pénible à travers fondrières et marécages. Or les aliments usuels, les bananes et le manioc, sont difficiles à transporter, à cause de leur volume ; de plus, ils ne se conservent que quelques jours. Le grand malheur en Afrique équatoriale, c'est qu'il n'y pousse rien de comestible qui puisse se conserver au delà d'un temps très limité. La nature y produit toute l'année, plus ou moins abondamment suivant la saison, des bananes et du manioc. Mais les bananes pourrissent six jours après la cueillette et le pain de manioc dix jours après sa préparation.

La racine de manioc ne peut être consommée telle quelle ; certaines de ses variétés qui contiennent de l'acide prussique sont toxiques. Pour en extraire le poison, on place les racines pendant plusieurs jours dans une eau courante. Stanley perdit une fois trois cents porteurs qui, pressés, avaient mangé du manioc insuffisamment macéré. Quand la racine a trempé assez longtemps, on la broie, puis on la laisse fermenter. On obtient ainsi une sorte de pâte ferme de couleur foncée qu'on façonne en bâtons qui sont enveloppés dans des feuilles pour les conserver. L'Européen a de la peine à consommer ces bâtons de manioc. Le tapioca dont nous faisons des potages est tiré du manioc.

Le ravitaillement régulier en denrées indigènes étant si difficile, les indigènes travaillant en forêt doivent souvent se résigner à vivre de riz et de conserves européennes. On consomme surtout des sardines à bon marché, destinées spécialement à l'exportation vers l'intérieur de l'Afrique et dont les factoreries ont toujours de grands approvisionnements. Pour varier l'alimentation, on achète aussi des conserves de saumon, de homard, d'asperges, de fruits de Californie. L'indigène travaillant en forêt se nourrit donc par nécessité de conserves coûteuses qu'en Europe on considère comme un luxe.

Et la chasse ? dira-t-on. Dans la forêt vierge proprement dite, la chasse est improductive. Il s'y trouve évidemment du gibier. Mais comment le chasseur pourrait-il l'apercevoir et le poursuivre dans l'épais fouillis de la brousse ? Il n'y a de bonnes chasses que là où la forêt vierge alterne avec des marais déboisés ou des savanes. Mais là on ne trouve ordinairement pas de bois à abattre. Si paradoxal que cela puisse paraître, nulle part on ne risque si facilement de mourir de faim qu'au milieu de la végétation luxuriante des forêts vierges très giboyeuses de l'Afrique équatoriale.

Impossible de décrire les souffrances occasionnées aux hommes travaillant dans la forêt par la tsé-tsé et toutes sortes de mouches pendant le jour et les moustiques pendant la nuit. De plus, ils sont obligés de rester des journées entières dans le marécage jusqu'aux hanches. Aussi sont-ils tous sujets à de fréquents accès de fièvre et de rhumatisme.

L'abatage du bois est fort pénible, à cause de l'épaisseur des troncs. Les géants de la forêt vierge ne sont pas ronds et lisses à leur base, mais ancrés au sol par un certain nombre de puissantes saillies à arêtes vives, sortes de contreforts qui relient le tronc aux racines principales. On dirait que la nature a appris des meilleurs architectes comment procurer à ces arbres immenses le seul moyen de se protéger contre la furie des tornades.

Ordinairement on ne peut songer à abattre un arbre au ras du sol. La cognée n'attaque le bois qu'à hauteur d'homme. Parfois même, l'on est obligé de construire un échafaudage, sur lequel les indigènes se juchent pour travailler.

Et lorsqu'une équipe a peiné durant plusieurs jours et que le tronc est enfin coupé, souvent l'arbre ne tombe pas encore, tant il est enchevêtré aux arbres voisins par de puissantes lianes. Il faut encore couper ces voisins pour qu'enfin le géant, les entraînant dans sa chute, s'écrase sur le sol.

Une fois le tronc à bas, on commence le tronçonnage. On le scie ou on le coupe à la hache en billes de 4 à 5 mètres de long. Lorsqu'on arrive au point où le tronc n'a plus que 60 centimètres de diamètre, on abandonne le reste sur place et on le laisse pourrir. On ne coupe point les arbres ayant moins de 60 centimètres de diamètre. De même on épargne ceux dont l'épaisseur est excessive, parce que les billes trop volumineuses sont trop difficiles à manier. Généralement les marchands n'acceptent que les billes de 60 à 180 centimètres de diamètre.

L'abatage et le tronçonnage des arbres se font pendant la saison sèche, entre juin et octobre. Puis on ouvre le chemin par lequel les énormes billes, pesant souvent près de

quatre tonnes seront roulées jusqu'à l'eau la plus proche.
On engage alors la lutte avec les souches restées dans le sol
et les immenses couronnes des arbres qui gisent à terre. Quand
l'arbre tombe, des branches énormes pénètrent parfois dans
le sol à plus d'un mètre de profondeur.

Enfin, le chemin est à peu près frayé. On comble de bois
le passage d'un marécage. Sur cette voie, on roule les billes
l'une après l'autre. Trente hommes poussent et s'acharnent
sur chaque tronc, avec des cris rythmés, et l'amènent à tourner lentement autour de son axe. Si le tronc est très grand
ou s'il n'est pas tout à fait rond, les forces humaines ne suffisent plus. Il faut alors avoir recours à des crics que l'on
manœuvre à tour de rôle. Ou bien, c'est une pente à gravir !
Ou encore le bois qui comble la fondrière cède sous la charge !
En une après-midi, parfois, les trente hommes ne réussissent
pas à faire avancer une bille de plus de 100 mètres.

Et le temps presse ! En prévision des hautes eaux, tous
les bois devront avoir été roulés dans le lac ou la crique pour
fin novembre ou début de décembre, car leurs niveaux ne
communiquent avec le fleuve que pendant cette période. Les
bois qui ne seront pas à temps dans l'eau resteront dans la
forêt et seront la proie des parasites qui les rendront impro-
pres à la vente. Tout au plus pourra-t-on les sauver encore
aux hautes eaux du printemps ; mais souvent celles-ci n'atteignent pas un niveau suffisant pour faire communiquer
tous les lacs et toutes les criques avec le fleuve. Or, si les bois
doivent attendre une année jusqu'aux prochaines hautes eaux
d'automne, ils sont irrémédiablement perdus.

Il arrive de temps en temps, tous les dix ans environ, que même les hautes eaux d'automne n'atteignent pas le niveau nécessaire. Alors, tout le travail effectué sur les nombreux chantiers est perdu. Ce fut le cas l'automne dernier. Les petits exploitants forestiers sont alors à deux doigts de la ruine et les indigènes, après avoir peiné pendant des mois, ne peuvent même pas payer les dettes contractées pour les achats de riz et de conserves.

Enfin, les bois flottent dans l'eau libre, amarrés par des lianes aux arbres du rivage. Le blanc arrive pour cuber et acheter ce que les villages ont à lui offrir. La prudence est ici de rigueur. Sont-ce vraiment des bois de l'espèce voulue ? Les indigènes n'y ont-ils pas glissé en contrebande des billes semblables par leur écorce et leur fibre ? C'est si tentant d'utiliser tous les arbres à proximité de l'eau ! Tous les bois sont-ils en outre bien frais, ou n'y a-t-il pas dans le nombre des billes de l'année précédente, ou plus anciennes encore, récemment sciées aux extrémités pour leur donner l'aspect des billes fraîches ? L'ingéniosité des indigènes en matière de fraude dans le commerce des bois atteint un degré incroyable. Malheur au débutant !

Dans le golfe de Libreville, un jeune négociant anglais était chargé d'acheter du bois d'ébène pour une maison de commerce. Ce bois très lourd arrive dans le commerce en bûches. Notre Anglais est tout heureux d'annoncer à ses chefs qu'on lui fournit de l'ébène fort beau en grande quantité. Mais à peine le premier envoi est-il parvenu en Angleterre, que le jeune homme reçoit un câblogramme lui disant

que ce qu'il a acheté et expédié comme ébène n'en est nulle-
ment. Le stock qu'il avait acquis à grand prix était sans valeur,
et la maison le rendait personnellement responsable du dommage subi. Les noirs lui avaient vendu un bois dur quelconque, qu'ils avaient fait macérer pendant quelques mois
dans un marécage, où il avait absorbé la coloration noire de
la terre boueuse et pris aux extrémités et dans les couches
superficielles une nuance qui donnait l'illusion du plus bel
ébène ; mais l'intérieur était rougeâtre. Dans son inexpé-
rience, le pauvre garçon avait négligé de scier quelques
bûches par le milieu, pour s'assurer de la qualité de la marchandise.

Le négociant blanc a donc cubé et acheté les bois. Le
cubage est une besogne malaisée, car il faut se maintenir
constamment en équilibre sur les troncs mouvants qui tournent dans l'eau. Le commerçant paie alors la moitié du prix
d'achat. Le reste sera versé lorsque le bois, que l'on frappe
de la marque de l'acheteur, aura été amené sans encombre
à la mer. Il arrive parfois que des noirs vendent les mêmes
billes quatre ou cinq fois, perçoivent chaque fois les arrhes,
puis disparaissent quelque part dans la forêt, jusqu'à ce que
cette tractation ait été oubliée ou que le blanc soit las de
gaspiller son temps et son argent à rechercher les escrocs. Il
ne pourrait d'ailleurs plus rien tirer d'eux ; car, parvien-
drait-on à les découvrir, ils auraient depuis longtemps
converti l'argent reçu en tabac ou en tissus.

Ensuite on lie les billes pour former des radeaux ou trains de bois. On n'utilise ni cordes, ni filins. Les lianes flexibles sont meilleures et moins cher. La forêt en fournit de tout calibre, de l'épaisseur du doigt à celle du bras. Soixante à cent billes de 4 à 5 mètres de long sont disposées l'une derrière l'autre, sur deux lignes, et liées ensemble. Le radeau aura donc de 8 à 10 mètres de largeur sur 40 environ de longueur. Parfois son poids atteint près de 200 tonnes. De longues tiges de bois qu'on lie par-dessus en les disposant d'une certaine manière lui donnent la solidité voulue. Sur le radeau, on construit des huttes en bambou et feuilles de raphia. Un assemblage de bûches est enduit d'argile pour constituer un foyer pour la cuisson des aliments. Finalement, on assujettit d'énormes rames dans de puissantes fourches, à l'avant et à l'arrière, pour pouvoir diriger dans une certaine mesure le train de bois. Chaque rame est maniée par six hommes au moins. L'équipage d'un radeau compte donc de quinze à vingt flotteurs.

On achète encore des bananes et des bâtons de manioc, autant qu'on peut en obtenir, et on se met en route.

L'équipage doit connaître exactement la position des bancs de sable, afin de les éviter autant que possible. Or ils se déplacent continuellement et, recouverts par l'eau brun-chocolat de l'Ogooué, ils sont difficiles à distinguer à distance. Quand le radeau échoue sur un banc de sable, il n'y a pas d'autre moyen de le remettre à flot que de détacher du train, l'une après l'autre, les billes qui se sont enfoncées dans le sable, les dégager, puis les réintégrer dans le radeau. On est parfois obligé de dissocier le train entier et de le reformer, ce qui peut durer huit jours et amener la perte d'un certain nombre de billes entraînées par le courant durant l'opération. Or le temps est précieux, car les vivres sont ordinairement calculés très juste, et plus on approche de l'embouchure du fleuve, plus il est difficile de s'en procurer d'autres. Les habitants des villages du Bas-Ogooué demandent aux flotteurs affamés un franc à un franc et demi pour quelques misérables bananes, si toutefois ils consentent à leur en vendre.

Au cours de ces navigations, il n'est point rare que l'équipe du radeau vende à d'autres indigènes de beaux bois du radeau et y substitue des billes ayant exactement la même dimension, mais de qualité inférieure, en imitant à s'y méprendre la marque du propriétaire. Des billes de ce genre, refusées par l'acheteur dans la forêt ou avariées par un long séjour dans les marais, gisent par douzaines sur les bancs de sable ou dans les criques du fleuve depuis les dernières hautes eaux. On prétend que certains villages en possèdent des réserves de toutes dimensions. Le bon bois distrait du radeau est rendu méconnaissable, puis revendu à un blanc.

Le blanc a encore d'autres raisons de se faire du souci au sujet de ses trains de bois. Le bateau qui les embarquera doit arriver à Port-Gentil à une date déterminée. Les flotteurs peuvent fort bien y parvenir dans ce délai. On leur a promis une belle gratification, s'ils sont rendus à destination en temps voulu. Mais quand le tam-tam retentit dans un village des bords du fleuve au moment de leur passage, ils cèdent souvent à la tentation d'amarrer le radeau et de faire la fête, deux, trois, quatre, cinq, six jours de suite. Pendant ce temps, le vapeur attend à Port-Gentil, et le blanc devra payer, pour les jours de stationnement, des sommes qui transforment sa bonne affaire en une spéculation désastreuse !

Dans des conditions normales, le flottage sur les 280 kilomètres qui séparent Lambaréné de Port-Gentil demande une quinzaine de jours. La navigation, rapide au début, se ralentit vers la fin. En effet, à 80 kilomètres en amont de l'embouchure, les marées commencent à se faire sentir. C'est le moment de remplir d'eau la pirogue amarrée au radeau, parce que l'eau du fleuve ne sera plus potable en aval et on ne trouvera aucune source. Dès lors, on n'avance plus qu'à marée descendante. Quand la marée remonte, on fixe le train à la rive au moyen d'énormes lianes de la grosseur du bras, pour qu'il ne soit pas refoulé en amont.

Il s'agit ensuite de diriger le radeau dans le N'Dougou, un bras du fleuve étroit, tortueux, long d'environ 20 kilomètres, qui débouche sur la rive sud de la baie du cap Lopez. Si les bois arrivent à la mer par un autre bras, dont l'embouchure est plus rapprochée du milieu du golfe, ils sont perdus. La violence du courant — le fleuve refoulé suit le jusant — les emporte à la vitesse de 9 kilomètres à l'heure jusqu'en haute mer. Mais si le train est amené par le bras débouchant du côté sud, il arrive dans une zone d'eau calme qui se prolonge le long de la grève. On peut alors le diriger avec de longues perches le long du bord jusqu'à Port-Gentil. Dès que le radeau s'écarte du bord, ne fût-ce que de quelques mètres, et que les perches n'atteignent plus le fond, il n'est plus possible de le maîtriser. Le courant l'entraîne en haute mer. Sur ce trajet de 15 kilomètres se déroulent des luttes terribles entre l'équipage et les éléments. Quand le vent se lève, venant de la côte, il n'y a souvent rien à faire. Lorsqu'on aperçoit de Port-Gentil la détresse du radeau, on lui envoie dans un canot une ancre avec une chaîne, et on réussit ainsi à le sauver, à moins que les vagues ne soient si fortes qu'elles disloquent le train de bois. Dans ce cas, il ne reste d'autre ressource à l'équipage, s'il ne veut pas périr, que d'abandonner le radeau à temps et de se réfugier dans la pirogue qui y est amarrée. Mais quand on a dépassé la sortie de la baie, aucune pirogue ne peut revenir à Port-Gentil contre le jusant et le courant du fleuve qui se prolonge dans la mer. Les embarcations plates et dépourvues de quille, telles qu'on les emploie sur la rivière, ne sauraient d'ailleurs affronter les vagues de l'océan.

C'est ainsi que des trains de bois sont fréquemment perdus. Il est également arrivé que leurs équipages aient disparu en mer. Un de mes malades blancs se trouvait un jour sur l'un de ces radeaux en détresse. Pendant la nuit, le train fut chassé vers la mer par une brise ; on ne pouvait songer à se sauver sur la pirogue, à cause des vagues. La houle commençait déjà à disloquer le radeau, quand une barcasse à vapeur arriva pour sauver l'équipage. Quelqu'un avait remarqué du rivage la lanterne que ces hommes agitaient désespérément pendant leur dérive, et envoyé à leur secours le canot qui était par hasard sous pression.

Une fois arrivé en bon état à Port-Gentil, le radeau est dissocié et les billes sont logées dans le « parc ». Dans les parties abritées de la baie, on dispose deux rangées de billes, reliées entre elles de manière à former une sorte de chaîne double. Pour obtenir cette chaîne, on enfonce, aux deux extrémités des billes, des crampons terminés par des boucles, à travers lesquelles on passe de forts filins métalliques. Cette double chaîne de bois forme, du côté de la mer, une clôture, dans l'intérieur de laquelle sont rangées côte à côte autant de billes que l'espace le permet. Elles sont en outre attachées entre elles par des filins métalliques passés dans les anneaux des crampons qu'on y a fixés. Toutes les deux ou trois heures, un gardien contrôle si tout est demeuré en ordre dans l'enclos, si les crampons sont solidement en place et si les filins ne se sont pas usés par la friction continuelle dans les anneaux ou par les incessantes flexions auxquelles ils sont soumis. Toutes ces précautions sont parfois inutiles. Il arrive qu'un filin de la clôture se rompe pendant la nuit, sans qu'on s'en aperçoive. Quand, au matin, le négociant accourt, les billes enfermées dans le parc ont fui à tout jamais vers la mer. Une maison anglaise a perdu de cette façon, il y a quelques mois, pour une quarantaine de mille francs de bois. Survient-il une tornade, aucune défense n'est alors possible. Les billes énormes gambadent dans le parc, pareilles à des marsouins folâtres, et, d'un bond, franchissent élégamment la clôture.

Chaque journée d'entrepôt dans la baie du cap Lopez peut, par conséquent, être fatale aux bois qui s'y trouvent. Aussi attend-on avec impatience le bateau sur lequel ils seront embarqués. Dès que le navire est arrivé, les barcasses à vapeur remorquent les trains, l'un après l'autre, vers son flanc tourné vers la terre. Pour organiser les radeaux destinés à l'embarquement, on a passé des filins par les crampons fichés aux deux extrémités des troncs. Quand le tronc, détaché du radeau, va être embarqué, des noirs circulent sur le train de bois ballotté par les vagues et arrachent les crampons ; puis ils passent autour de la bille un filin au moyen duquel on la hissera à bord. Ce travail exige une habileté prodigieuse. Si les indigènes glissent sur les billes mouillées qui pivotent dans l'eau, ils ont les jambes broyées entre ces monstres de bois de 3 à 4 tonnes, qui s'entrechoquent constamment.

De ma véranda, je vois à la jumelle plusieurs noirs occupés à cette besogne, dont la difficulté est accrue par une forte brise. Survienne une tornade ou seulement un gros vent, les trains amarrés le long du navire courront de graves risques.

Les pertes subies, à partir de l'emplacement où les arbres ont été abattus jusqu'au port où ils sont embarqués pour l'Europe, sont donc considérables. Une grande partie des troncs coupés disparaissent d'une façon ou d'une autre. Les lagunes situées dans le voisinage des embouchures de l'Ogooué sont de véritables cimetières à bois. Nombreuses sont les billes qui émergent du limon où la mer les a ensevelies. Ce sont surtout des billes qui n'ont pu être sorties à temps de la forêt et se sont abîmées à l'endroit où elles avaient été abattues, jusqu'à ce que l'arrivée de hautes eaux exceptionnelles les ait un jour entraînées dans le fleuve. Une fois à la baie, le vent et la marée les chassent vers les lagunes, d'où elles ne ressortiront plus. Je compte à la jumelle une quarantaine de billes qui errent dans le golfe. Elles seront les jouets de la marée montante et du jusant jusqu'à ce qu'elles aient trouvé leur tombeau dans l'océan ou dans une lagune. Mais la richesse des forêts du Gabon est telle que ces pertes n'ont pas grande importance.

Lorsqu'un train de bois a pu enfin être livré sans trop de dommage, l'équipage qui l'a amené se hâte de remonter le fleuve, soit en pirogue, soit sur un vapeur, pour ne pas souffrir de la faim à Port-Gentil. En effet, tous les vivres frais consommés dans ce port doivent être amenés par le fleuve de l'intérieur, d'une distance de plus de cent kilomètres, car aucun végétal comestible ne croît dans le sable de la côte et dans les marécages du delta.

Quand les flotteurs rentrés chez eux ont reçu leur salaire de l'acheteur des bois, ils font dans une factorerie des achats considérables de tabac, de vin, d'eau-de-vie et de marchandises de tout genre. Ils rentrent chez eux riches, suivant la notion indigène. Au bout de quelques semaines ou plus tôt encore, tout leur gain leur a filé entre les doigts. De nouveau, ils se mettent à la recherche d'un emplacement favorable pour l'exploitation de la forêt, et le dur travail recommence.

L'exportation des bois par Port-Gentil va sans cesse en augmentant ; elle atteint actuellement près de 150.000 tonnes par an. On expédie surtout de l'acajou et de l'okoumé (*Aucoumea Klaineana*), dit faux acajou.

Le bois d'okoumé est plus tendre que l'acajou et sert principalement à fabriquer du contre-plaqué. On emploie aussi de l'okoumé débité en planches en ébénisterie. C'est un bois de grand avenir. Certaines sortes de ce faux acajou sont presque plus belles que l'acajou véritable.

Quand le bois séjourne longtemps dans la mer, il est perforé par le taret (*Teredo navalis*), un petit mollusque vermiforme, qui pénètre en droite ligne de l'extérieur au cœur de l'arbre. C'est pourquoi, lorsqu'on prévoit une longue attente, on roule le bois sur la grève. On enlève alors ordinairement l'aubier à la hache et l'on transforme la bille en un bloc à quatre faces.

Outre l'acajou et l'okoumé, il existe encore beaucoup d'autres essences précieuses dans la région de l'Ogooué. Je citerai l'*ékéwasengo* ou « bois de rose », et le « bois de corail » qui tous deux ont une superbe couleur rouge ; puis le « bois de fer », si dur qu'on en a fabriqué des roues dentées pour les machines de la scierie de N'Gômô. On trouve également un bois qui, raboté, a l'aspect du satin blanc moiré.

Les plus beaux bois ne sont pas encore exportés, parce

qu'on ne les connaît pas sur les marchés d'Europe et que, pour cette raison, on ne les demande pas. Quand ils seront connus et demandés, le commerce des bois prendra, dans la région de l'Ogooué, une importance bien plus considérable encore.

M. Haug, missionnaire à N'Gômô, passe pour l'un des meilleurs connaisseurs des bois de l'Ogooué. Il possède une précieuse collection de toutes les essences.

Au début, je ne m'expliquais pas pourquoi tous les gens d'ici, même ceux qui n'ont rien à faire dans le commerce des bois, s'intéressent aux diverses qualités de bois de la région. Mais les relations constantes avec les exploitants forestiers ont fait de moi, dans l'espace de quelques mois, au dire de ma femme, un maniaque du bois.

VII

PROBLÈMES SOCIAUX
DE LA FORÊT VIERGE

Sur le fleuve, du 30 juillet au 2 août 1914.

J E puis reprendre mon travail. Le conducteur d'un petit
vapeur fluvial, appartenant à une société commerciale
de N'Djôlé, a l'amabilité de nous emmener avec lui à
Lambaréné. Nous n'avançons que lentement, car nous avons
un lourd chargement de pétrole ; celui-ci arrive directement
d'Amérique, en estagnons carrés de 18 litres. Les indigènes
commencent à brûler beaucoup de pétrole.

Je profite de ce long trajet pour examiner les problèmes
sociaux qu'à mon grand étonnement j'ai rencontrés dans la
forêt vierge. On parle beaucoup en Europe de colonisation et
de civilisation coloniale, mais sans comprendre toute la signi-
fication et la portée de ces termes.

Existe-t-il réellement des problèmes sociaux dans la forêt

vierge ? Il suffit d'écouter pendant dix minutes la conversation de deux blancs, dans ce pays, pour constater qu'ils ne manqueront pas de discuter le plus difficile de ces problèmes, celui de la main-d'œuvre. On s'imagine volontiers en Europe que, chez les peuples primitifs, on trouve autant de travailleurs qu'on veut, pour un salaire très modéré. C'est le contraire qui se produit. Le recrutement des ouvriers ne présente nulle part autant de difficultés que dans ces milieux ; nulle part, non plus, on ne les paie aussi cher, proportionnellement au travail fourni.

On attribue cet état de choses à la paresse des primitifs. Mais le primitif est-il réellement si paresseux ? Le problème n'a-t-il pas des racines plus profondes ?

Quiconque a vu les habitants d'un village indigène défricher un coin de forêt pour y établir une plantation nouvelle, sait qu'ils sont capables de travailler pendant plusieurs semaines avec un zèle et une application soutenus. Chaque village — soit dit en passant — est obligé de se livrer tous les trois ans à cette besogne, dure entre toutes. Les bananiers épuisent le terrain avec une extrême rapidité ; aussi est-il nécessaire d'aménager tous les trois ans une nouvelle plantation ; les cendres de la forêt vierge coupée et brûlée fournissent l'engrais.

Pour moi, je ne me sens plus le droit de parler sans réserve de la paresse des primitifs, depuis que quinze indigènes ont, durant trente-deux heures, remonté le fleuve en pagayant presque sans interruption, pour m'amener un blanc gravement malade.

L'indigène travaille donc assidûment à l'occasion ; mais il ne travaille que dans la mesure où les circonstances l'exigent. L'enfant de la nature — c'est ici la réponse à l'énigme — n'est jamais qu'un travailleur occasionnel.

La nature fournit à l'indigène, pour un travail minime, à peu près tout ce dont il a besoin pour vivre dans son village. La forêt lui offre du bois, du bambou, du raphia et de l'écorce pour construire une case qui le protège du soleil et de la pluie. Il n'a plus qu'à planter quelques bananiers et du manioc, à pêcher et à chasser ; cela lui permet de pourvoir à ses besoins, sans être obligé de rechercher un gain régulier. Il n'acceptera une place comme travailleur que dans un but déterminé : il a besoin d'argent pour acheter une femme ; sa femme ou ses enfants ont envie d'étoffes, de sucre, de tabac ; lui-même désire une hache neuve ou de l'eau-de-vie, un vêtement ou des souliers.

Ce sont donc des besoins plus ou moins étrangers à la lutte pour l'existence proprement dite qui amènent cet enfant de la nature à s'embaucher. Lorsqu'il ne voit pas la nécessité de gagner de l'argent, il reste au village. A-t-il accepté un engagement quelque part, et a-t-il gagné suffisamment pour pouvoir s'accorder ce qu'il avait en vue, il n'aura plus de raison de continuer à peiner et retournera dans son village, où il trouvera toujours un toit et de la nourriture.

L'indigène n'est pas paresseux ; c'est un homme libre. C'est pourquoi il n'est jamais qu'un ouvrier occasionnel. Le missionnaire constate ce fait en petit dans sa maison, comme l'exploitant forestier et le planteur en font l'expérience en grand. Quand mon cuisinier a gagné assez d'argent pour satisfaire aux prétentions de sa femme et de sa belle-mère, il nous quitte, sans égards pour l'embarras qu'il nous cause par son départ. Le propriétaire d'une plantation verra ses ouvriers l'abandonner au moment précisément le plus critique pour ses récoltes, ou lorsqu'il s'agit de lutter contre les parasites du cacaoyer. L'exploitant forestier qui vient de recevoir d'Europe télégramme sur télégramme demandant l'envoi immédiat de bois, ne trouvera personne pour en abattre, parce que les habitants du village vont à la pêche ou aménagent une nouvelle plantation. Tous ces blancs se confondent en amères récriminations sur la paresse des indigènes, alors qu'en réalité ils ne les ont pas en mains, parce que ces indigènes n'en sont point réduits à la nécessité d'un gain régulier. Ils ne connaissent pas la lutte pour l'existence.

Il existe donc un conflit latent et grave entre les besoins du commerce et le fait que l'indigène est un homme libre. Les richesses du pays ne peuvent être exploitées, parce que l'indigène n'y a qu'un intérêt minime. Comment s'y prendre pour l'éduquer au travail ? Comment l'y obliger ?

« Créons-lui le plus de besoins possibles, et il travaillera pour les satisfaire », disent à la fois l'administration et le commerce. L'administration lui crée des besoins contre son gré, sous forme d'impôts. Dans notre région, tout indigène âgé de plus de 14 ans paie une capitation de 5 francs par an, et il est question de la doubler. Un homme qui a deux femmes et sept enfants, âgés de plus de 14 ans, sera donc obligé de rassembler 100 francs par an et fournira ainsi plus de travail ou plus de produits au commerce. De son côté, le négociant crée des besoins à l'indigène, en lui offrant des marchandises utiles, comme les étoffes, les outils ; d'autres inutiles comme le tabac et les articles de toilette, ou mêmes nuisibles, comme l'alcool. Les objets utiles ne suffiraient jamais, à eux seuls, pour obtenir une production de travail satisfaisante. Les futilités et l'eau-de-vie y contribuent bien davantage. Qu'offre-t-on à l'acheteur dans la forêt vierge ? Naguère, je me fis montrer par un noir qui tient dans un coin perdu au bord d'un petit lac pour le compte d'un blanc une petite factorerie, les marchandises qu'il avait en magasin. Derrière le comptoir trônait le fût de rhum de traite, bien verni en blanc. A côté se trouvaient des caisses de feuilles de tabac et des estagnons de pétrole. Je remarquai en outre des couteaux, des haches, des scies, des clous, des vis, des machines à coudre portatives, des fers à repasser, de la ficelle pour filets de pêche, des assiettes, des verres, des cuvettes en émail de toute grandeur, des lampes, du riz, des boîtes de conserves de tout genre, du sel, du sucre, des étoffes pour habits, des tissus pour moustiquaires, des rasoirs ordinaires et des rasoirs Gillette, un riche choix de faux cols et de cravates, des chemises de femme garnies de dentelles, des jupons à dentelles, des corsets, des chaussures élégantes, des bas à jours, des gramophones, des accordéons, et toute une série d'articles de fantaisie. Parmi ces derniers se trouvaient plusieurs douzaines d'assiettes, montées sur de petits socles.

— Qu'est-ce ? demandai-je.

Le noir déplaça un levier sur le socle, et j'entendis jouer une petite boîte à musique !

— C'est avec ces objets que je fais les meilleures affaires, me dit le noir. Toutes les femmes des environs veulent avoir une de ces assiettes à musique et tourmentent leur mari jusqu'à ce qu'il ait gagné l'argent nécessaire à cet achat.

Les impôts et l'accroissement des besoins pourront certainement pousser les indigènes à travailler plus qu'ils n'en ont envie, mais on aura fait peu ou rien du tout pour la véritable éducation au travail. On fait ainsi du primitif un homme avide d'argent et de jouissances, et non pas un ouvrier sûr et consciencieux. En offrant ses services, il ne pense qu'à acquérir le plus d'argent possible avec le minimum de peine, et ne travaille que si son maître se tient auprès de lui.

Dernièrement, j'avais engagé des manœuvres pour la construction d'une nouvelle case à l'hôpital. Quand j'allais voir, le soir, rien n'était fait. Le troisième ou le quatrième jour, je me fâchai ; alors un de mes noirs, qui n'était pas même parmi les pires, me dit :

— Ne crie pas ainsi, docteur ! C'est ta propre faute. Reste avec nous, alors nous travaillerons. Mais si tu es à l'hôpital près des malades, nous sommes seuls et ne faisons rien.

J'en suis maintenant arrivé à la méthode suivante : les jours où j'ai des ouvriers, je prends deux ou trois heures de congé. Je reste alors près d'eux et je les fais tant travailler que leur peau brune ruisselle de sueur. Au moins, il y a de la besogne faite.

En augmentant les besoins, on n'aboutit qu'à un résultat

relatif, parce que le primitif ne devient un travailleur régulier que dans la mesure où il a en quelque sorte passé de la condition d'homme libre à celle d'homme non-libre. On peut tenter d'y arriver par des voies diverses. Tout d'abord, il importe d'enlever à l'indigène, pour un certain temps, la possibilité de retourner dans son village. Les exploitants forestiers et les planteurs se font un principe de ne prendre aucun travailleur du voisinage, mais engagent pour une année des jeunes gens appartenant à des tribus éloignées. On les fait venir par eau. Les contrats de travail sont dressés par l'administration et élaborés dans un esprit d'humanité et d'une façon rationnelle. A la fin de la semaine, l'ouvrier ne doit toucher que la moitié de son salaire. Le reste est mis à part et ne lui sera remis qu'au bout de l'année, au moment où le blanc sera tenu de le renvoyer chez lui. Ces dispositions ont pour but d'éviter que l'argent gagné ne soit aussitôt dépensé et que l'homme ne rentre dans son pays les mains vides. La plupart de ces jeunes gens s'engagent afin de réunir l'argent nécessaire à l'achat d'une femme.

Quel est le résultat de ces mesures ? Les travailleurs amenés de loin sont obligés de tenir bon une année durant, parce qu'ils n'ont aucune possibilité de regagner leur village. Il y en a dans le nombre qui deviennent des ouvriers réellement utiles. Beaucoup cependant souffrent du mal du pays. D'autres ne peuvent pas supporter une alimentation à laquelle ils ne sont pas habitués (les vivres frais faisant défaut, on est souvent obligé de les nourrir de riz). Le plus grand nombre s'adonne à l'alcool. Les ulcères et d'autres maladies se propagent facilement parmi ces noirs, entassés dans des cases insalubres. Malgré toutes les précautions, ils gaspillent leur salaire dès que le contrat est expiré, et reviennent ordinairement chez eux aussi pauvres qu'ils étaient partis.

Le primitif est bon à quelque chose tant qu'il est dans son village, où il a l'appui moral de sa famille et de sa parenté. Sorti de son milieu, il perd ses quelques principes de moralité. Les agglomérations de travailleurs indigènes sont des foyers de démoralisation. Malheureusement les exploitants forestiers et les planteurs sont obligés de favoriser la formation de telles agglomérations, car ils ne peuvent subsister sans elles.

L'aspect tragique de la question, c'est précisément que les intérêts de la civilisation et ceux de la colonisation ne coïncident pas, mais sont à beaucoup d'égards antagonistes. On servirait mieux le progrès de la civilisation en laissant les habitants de la forêt vierge demeurer dans leurs villages et y apprendre à exercer un métier, aménager les plantations, cultiver le cacaoyer et le caféier pour leurs propres besoins et pour la vente, construire des maisons en planches ou en briques, au lieu de cases en bambou, et y mener une vie sédentaire et tranquille. Mais la colonisation exige la mobilisation du plus grand nombre d'hommes possible, afin de tirer le rendement maximum des ressources naturelles du pays. Son mot d'ordre est de produire le plus possible, pour

que les capitaux investis dans les entreprises coloniales produisent leur intérêt, et que la métropole puisse importer de
sa colonie ce dont elle a besoin. Nul n'est responsable du
grave conflit d'intérêts qui se dresse ici. Ce sont les circonstances qui l'ont créé. Et il est d'autant plus accusé que l'indigène est à un degré plus bas dans l'échelle sociale et que
son pays est moins peuplé. Le Zoulou, par exemple, peut faire
de l'agriculture et de l'élevage. De lui-même, il s'est déve-
loppé jusqu'à devenir un agriculteur sédentaire ou un petit
artisan. La densité de la population est telle, dans son pays,
que le commerce européen trouve toujours la main-d'œuvre
dont il a besoin. Les problèmes du développement de la
population et de la civilisation y sont donc infiniment moins
ardus que dans les pays de forêt vierge peuplés de primitifs.
Il peut arriver dans ces derniers que la colonisation économique se fasse aux dépens de la civilisation et de l'existence
même de la population.

Qu'en est-il de l'action éducatrice réalisée par l'obligation
au travail, tant discutée ? Qu'entend-on au juste par « travail
obligé » ?

Tout indigène qui n'exerce pas un métier déterminé, régulier, doit être tenu de se mettre, sur l'ordre du Gouvernement, au service d'une entreprise coloniale, naturellement
contre rémunération, pendant un certain nombre de jours
par an. Dans le Bas-Ogooué ce système n'existe pas. L'administration coloniale du Gabon a pour principe de s'en tirer
autant que possible sans mesure de coercition. Dans l'Afrique
orientale allemande, où le travail obligé est pratiqué de façon

méthodique mais avec ménagement, il donne, au dire des uns, de bons, suivant d'autres, de mauvais résultats.

A mon avis le travail obligé n'est pas faux en principe, mais pratiquement très difficile à réaliser. Dans une colonie on ne parvient pas à se tirer d'affaire sans contrainte. Si j'étais fonctionnaire, et qu'un planteur vînt m'annoncer que ses ouvriers l'ont abandonné en pleine récolte de cacao, et que les hommes des villages voisins se refusent à l'aider dans ce moment critique, je considérerais comme mon droit et mon devoir de mettre à sa disposition autant d'hommes de ces villages qu'il lui serait nécessaire pour sauver sa récolte, en échange du salaire usuel, naturellement. Mais la généralisation du travail obligé se complique du fait que, pour aller travailler un certain nombre de jours dans une entreprise, les hommes doivent quitter peut-être leur village et leur famille et effectuer un parcours. Qui les nourrira pendant ce voyage ? Que deviendront-ils, s'ils tombent malades ? Qui me garantit que l'entreprise ne les requerra pas précisément à l'époque des plantations dans leur village ou au moment favorable aux grandes campagnes de pêche ? Ne les retiendra-t-elle pas plus longtemps qu'elle n'en a le droit, sous prétexte qu'ils n'ont pas travaillé ? Les traitera-t-elle bien ? On court le risque de voir le travail obligé se transformer subrepticement en une sorte d'esclavage.

Le problème du travail obligé touche à celui de la mise en valeur des colonies par le système des « Concessions ». Qu'entend-on par « concession » ? L'administration afferme pour quelques dizaines d'années un vaste territoire à une société disposant de capitaux, à charge pour elle de le mettre en valeur. Aucun autre commerçant n'a le droit de s'y établir. Toute concurrence étant ainsi supprimée, les indigènes tombent dans une étroite dépendance de la société et de ses agents. Quoique sur le papier les droits de souveraineté du gouvernement demeurent réservés, en fait, la société commerciale se substitue plus ou moins à lui dans la plupart de ces droits, en particulier quand l'indigène doit lui payer les impôts sous forme de produits agricoles ou en prestations, impôts qu'elle transmet ensuite en espèces à l'administration coloniale. Cette question des concessions a été abondamment débattue jadis, parce que ce système avait conduit à de déplorables abus dans le Congo Belge. Je ne méconnais point ses dangers. Mal dirigé, il peut aboutir à ce résultat que l'indigène est livré à la société commerciale comme une chose privée de tous ses droits. Le cours supérieur de l'Ogooué est concessionné à la Société du Haut-Ogooué (S. H. O.), qui a été fondée par des officiers français ayant servi aux colonies. Je me suis entretenu de la question « concession » avec des agents de cette société, hospitalisés chez moi, et j'ai appris ainsi à connaître cette affaire aussi sous un autre aspect. Comme une société commerciale dans sa concession n'a pas à s'inquiéter de la concurrence, elle peut, comme le fait celle du Haut-Ogooué, interdire la vente de l'alcool sur son territoire et n'offrir dans ses factoreries que de la bonne marchandise, à l'exclusion de la pacotille. Dirigée par des hommes à vues larges, elle est capable d'exercer une action éducatrice. Et comme le pays lui appartient pour un certain temps,

obligé de recourir à des mesures de rigueur et d'exiger de tous ceux qui viennent se faire soigner la livraison préalable d'une certaine quantité de bananes et de bâtons de manioc. Il en résulte des discussions sans fin avec les patients qui prétendent avoir ignoré ces prescriptions ou n'avoir pas suffisamment de vivres pour eux-mêmes. Quant à ceux qui sont gravement malades ou qui viennent de loin, je les soigne même s'ils n'ont pas apporté leur modeste tribut, cela va sans dire. Mais, si sévère que je sois pour obtenir ces livraisons, il m'arrive pourtant d'être forcé de congédier des malades, parce que je ne puis plus les nourrir. La station missionnaire, qui doit nourrir cent à cent vingt enfants des écoles, se trouve parfois dans une situation semblable. Il arrive que l'on soit obligé de fermer l'école et de renvoyer les enfants chez eux, faute d'avoir de quoi les entretenir.

Les villages les plus rapprochés des sièges de représentants de l'administration sont forcément les plus atteints par les corvées et les réquisitions. Quels que soient les égards et l'esprit d'équité de l'administration, ces indigènes n'en éprouvent pas moins le sentiment d'une contrainte désagréable, et ont tendance à émigrer vers des contrées plus éloignées où ils seront en paix. Alors la contrainte prend une autre forme. On interdit aux indigènes d'abandonner leurs villages, et des villages éloignés reçoivent l'ordre de se fixer dans tel ou tel endroit plus rapproché. On comprend la nécessité de ces mesures, mais elles ont quelque chose de tragique et les autorités doivent veiller sans cesse à ce qu'il ne soit fait usage de coercition qu'en cas de nécessité absolue.

Au Cameroun, la forêt vierge est traversée par un réseau de chemins fort bien entretenus, et qui fait l'admiration de tous les coloniaux étrangers. Mais le grand travail que cela représente ne se fait-il pas aux dépens de la population et de ses intérêts vitaux ? Je reste songeur, quand j'apprends que l'on est allé jusqu'à réquisitionner des femmes pour entretenir ces chemins. Il ne devrait pas arriver, comme c'est trop souvent le cas, que la colonie prospère, tandis que la population indigène diminue d'année en année. Le présent vit alors aux frais de l'avenir, et le déficit final se révélera tôt ou tard. Le maintien de la population autochtone doit être le premier but d'une saine politique coloniale.

Au problème de la main-d'œuvre s'ajoute celui de l'émancipation. A mon avis, il ne serait pas nécessaire de donner une instruction très poussée aux indigènes des peuples primitifs. Ici la civilisation ne commence pas par le savoir intellectuel, mais par les métiers et l'agriculture qui créent les conditions économiques nécessaires pour le développement d'une civilisation supérieure. Cependant, l'administration et le commerce ont besoin d'indigènes suffisamment instruits pour être utilisés dans les bureaux et les factoreries. Dès lors, les écoles sont amenées à fixer leurs buts bien au-dessus de la normale, et à former des indigènes capables d'écrire correctement la langue des blancs et de faire des calculs déjà quelque peu compliqués. Grâce à l'intelligence de certains indigènes, les résultats dans le domaine des connaissances sont parfois remarquables. Un secrétaire noir est venu dernièrement me voir de la part de l'administration. Un missionnaire se trouvait justement chez moi. Lorsqu'il fut parti, nous nous disions :

— Nous ne tiendrions guère à concourir avec lui en composition !

Son chef lui donne les textes les plus difficiles à rédiger et les statistiques les plus compliquées à dresser. Il s'en acquitte toujours à sa satisfaction.

Mais qu'advient-il de ces gens-là ? Ce sont des déracinés, comme ceux d'entre eux qui vont travailler à l'étranger. Ils vivent dans les factoreries, sans cesse exposés aux tentations de l'escroquerie et de l'alcool, auxquelles les indigènes cèdent si facilement. Ils sont très bien rémunérés. Mais comme les vivres sont chers et que ces employés ont comme tous nos indigènes la passion du gaspillage, ils sont toujours dans des embarras d'argent, et souvent dans le besoin. Ils n'appartiennent plus au commun des noirs et ne peuvent cependant se joindre aux blancs. Ils forment une sorte de classe intermédiaire. Le secrétaire noir que je viens de mentionner disait récemment à la femme d'un missionnaire :

— Ah ! nous autres, intellectuels indigènes, sommes bien mal lotis. Les femmes d'ici sont trop ignorantes pour devenir nos compagnes. On devrait faire venir pour nous des femmes des classes supérieures de Madagascar !

Le déclassement vers le haut est un malheur pour beaucoup des meilleurs parmi les indigènes.

D'autres problèmes sociaux résultent des importations européennes. Jadis, les noirs exerçaient bon nombre de métiers : ils sculptaient en bois d'excellents ustensiles de ménage ; ils confectionnaient des cordes et des ficelles en fibres d'écorce et de feuilles d'ananas, et nombre d'autres objets ; au bord de la mer ils recueillaient du sel ; ils travaillaient le fer. Ces métiers primitifs, ainsi que d'autres, ont été ruinés par l'importation de marchandises européennes. La cuvette et le pot en émail ont remplacé le baquet de bois et le pot en terre cuite confectionnés par les artisans indigènes. Autour de chaque village des amas d'ustensiles rouillés gisent dans l'herbe. Beaucoup de techniques indigènes sont déjà à moitié oubliées. Il n'y a que les vieilles femmes qui sachent encore confectionner des ficelles en fibres d'écorce et du fil à coudre avec les fibres de la feuille d'ananas. Même l'art de creuser des pirogues tombe en désuétude. Ainsi, les métiers indigènes sont en recul, tandis que le vrai progrès civilisateur exigerait la formation d'une classe d'artisans capables.

L'importation d'alcool est un sérieux danger social. On s'en rend compte en comparant le chiffre de l'importation annuelle d'alcool avec celui de la population. Il suffit d'ailleurs de voir dans les villages les enfants s'enivrer avec leurs parents. Dans l'Ogooué fonctionnaires, négociants, missionnaires et chefs indigènes sont unanimes à déclarer que l'importation d'alcool devrait être interdite. Mais pourquoi ne l'interdit-on pas ? Parce que l'alcool est un excellent article de douane. Les sommes que rapportent annuellement les droits d'entrée sont l'une des plus fortes recettes de la colonie. Si ce revenu était supprimé, le budget se solderait par un déficit. On sait que les finances des colonies africaines de toutes les nations ne sont rien moins que brillantes. Les droits prélevés sur l'alcool ont encore cet avantage de pouvoir être augmentés chaque année, sans que l'on en boive un litre de moins. Les choses en sont au point qu'ici, comme dans les autres colonies, l'administration vous dit :

— Supprimer l'alcool ? Très volontiers ! Plutôt aujourd'hui que demain. Seulement, commencez par me trouver un moyen de combler le déficit qui en résultera pour le budget.

Or les plus grands adversaires de l'alcool ne parviennent pas à faire des propositions réalisables. Quand trouvera-t-on une issue à ce dilemme absurde ? Tout ce qu'on peut espérer, c'est qu'il vienne un jour un gouverneur qui place l'avenir de la colonie au-dessus des soucis financiers du moment, et se risque à administrer la colonie pendant quelques années avec un déficit et à supprimer l'alcool.

On prétend que, sans l'importation d'alcool, l'alcoolisme sévirait quand même parmi les indigènes. C'est une fable. En fait d'alcool fabriqué dans le pays il n'y a que le vin de palmier qui entre en ligne de compte. Or celui-ci n'est pas un vrai danger. Le vin de palmier est le suc du palmier en fermentation. Mais le gemmage des arbres et le transport des vases coûtent du travail, loin du village, en pleine forêt. Car la loi interdit de gemmer les arbres. En outre, le vin de palmier ne se conserve pas. Il permettra sans doute aux habitants d'un village de s'enivrer à plus d'une reprise au cours de l'année, à l'occasion de grandes fêtes. Cependant il ne constitue pas un danger permanent comme la boisson alcoolique qui se vend dans les factoreries. Le vin de palmier frais a le goût du moût de raisin en fermentation. Par lui-même, il ne grise pas plus que ce dernier. Mais les indigènes ont l'habitude d'y ajouter certaines écorces d'arbres qui déterminent une ivresse très violente.

On se propose d'interdire de vendre aux indigènes du rhum de traite et de l'eau-de-vie. Mais la vente du vin doit rester autorisée. Or le vin importé en Afrique est passablement alcoolisé, autrement il ne se conserverait pas dans la chaleur. L'indigène continuera donc à s'alcooliser avec cette seule différence qu'au lieu de consommer du rhum et de l'eau-de-vie il s'en tiendra uniquement au vin. En effet l'importation de vin est en progrès continu.

La polygamie est une autre grave question sociale. Nous débarquons en Afrique avec l'idéal de la monogamie. Les missionnaires luttent par tous les moyens contre la polygamie et demandent en maints endroits au Gouvernement de l'interdire par une loi. D'autre part, nous tous qui sommes ici devons avouer qu'elle est liée très intimement aux conditions économiques et sociales du pays. Là où la population vit dans des cases en bambou et où la société n'est pas organisée de manière à permettre aux femmes de gagner leur vie par un travail indépendant, il n'y a pas de place pour la femme célibataire. Or la polygamie est la condition première du mariage de toutes les femmes.

De plus, il n'y a dans la forêt vierge ni vaches, ni chèvres laitières. La mère est donc obligée de nourrir son enfant pendant longtemps au sein, pour qu'il ne périsse pas. La polygamie respecte le droit de l'enfant. Après l'avoir mis au monde, la femme a le droit et le devoir de ne vivre que pour son enfant durant trois ans. Elle n'est plus épouse avant tout, mais mère. Elle passe même souvent la majeure partie de ce temps chez ses parents. Au bout de trois ans, on célèbre la fête du sevrage, et la femme rentre alors comme épouse dans la case de son mari. Mais on ne peut concevoir cette période consacrée à l'enfant, que si l'homme a pendant ce temps une ou plusieurs autres femmes pour s'occuper du ménage et des plantations.

Encore un point. Chez ces peuples primitifs, on ne rencontre jamais une veuve ou un orphelin délaissés. Le plus proche parent hérite la femme du défunt et doit l'entretenir, ainsi que ses enfants. Elle devient de droit sa femme, mais peut ensuite, avec son consentement, épouser un autre homme.

Ebranler les fondements de la polygamie chez les peuples primitifs équivaudrait à faire chanceler tout leur édifice social. Avons-nous le droit de le faire, sans être en mesure d'établir en même temps un nouvel ordre social adapté aux circonstances ? La polygamie ne continuerait-elle pas d'exister en fait avec cette seule différence que les femmes de seconde main, jusqu'alors légitimes, seraient considérées comme illégitimes ? Ces questions préoccupent fort les missionnaires.

Plus les conditions économiques s'amélioreront, plus la lutte contre la polygamie sera aisée. Dès qu'un peuple habite des maisons bien bâties contenant des chambres, qu'il se voue à l'élevage du bétail et à l'agriculture, la polygamie disparaît d'elle-même, parce qu'elle n'est plus requise par les conditions de l'existence et ne s'accorde plus avec elles. Dans le peuple d'Israël, grâce aux progrès de la civilisation, la monogamie a remplacé sans lutte la polygamie. Au temps des prophètes, les deux coutumes coexistaient encore. Mais au temps de Jésus, il n'est plus question de polygamie.

La Mission doit assurément faire de la monogamie un idéal et une exigence du christianisme. Mais l'Etat commettrait une erreur en prétendant l'imposer par voie légale. Pour autant que je puisse en juger, jusqu'à maintenant, ce serait également une erreur d'identifier la lutte contre l'immoralité avec la lutte contre la polygamie.

Les femmes d'un même mari vivent généralement en bonne harmonie. La femme noire n'aime pas être la seule épouse, car elle doit alors pourvoir seule à l'entretien de la plantation, ce qui est du ressort de la femme. L'entretien des plantations est très pénible, parce qu'elles se trouvent à l'ordinaire loin du village, dans un endroit écarté.

Ce que j'ai vu de la polygamie dans mon hôpital ne me l'a pas montrée sous un jour odieux. Un jour, je vis venir, accompagné de deux jeunes femmes, un chef malade, d'un certain âge. Son état devenant inquiétant, une troisième femme apparut soudain ; elle était beaucoup plus âgée que les deux autres. C'était sa première épouse. Dès ce jour, elle se tint assise sur le lit de son mari, prenant sa tête dans son sein et lui donnant à boire. Les deux jeunes femmes lui témoignaient du respect, acceptaient ses ordres et faisaient la cuisine.

Dans ce pays, on voit parfois un jeune garçon de 14 ans se présenter comme chef de famille. C'est qu'il a hérité une femme et des enfants d'un parent décédé. La femme a conclu un nouveau mariage avec un autre homme. Mais les droits et les devoirs du jeune homme à l'égard de ces enfants n'en sont point changés pour cela. Si ce sont des garçons, il devra plus tard leur acheter une femme ; si ce sont des filles, ceux qui voudront les épouser auront à lui verser le prix d'achat.

Faut-il lutter contre l'achat des femmes ou le tolérer ?

S'il s'agit de donner une jeune fille pour femme au plus offrant, sans la consulter, on ne manquera pas de protester, cela va sans dire. Mais la question de l'achat des femmes en elle-même doit être prise en considération. Que, selon la coutume du pays, l'homme qui recherche une jeune fille et est agréé par elle doive verser à la famille une certaine somme est, au fond, aussi peu répréhensible que la coutume de la dot en Europe. Que l'homme, à son mariage, reçoive de l'argent de la famille ou qu'il lui en verse, cela revient au même, en principe. Dans les deux cas, c'est une affaire d'argent, basée sur des conventions sociales, qui se conclut à côté du mariage. Ce qui importe, chez nous comme chez les peuples primitifs, c'est que cette coutume demeure un facteur accessoire et non point déterminant du choix. Nous n'avons donc pas à combattre l'achat des femmes en lui-même, mais à exercer sur les indigènes une action éducatrice, afin que la jeune fille ne soit pas donnée au plus offrant, mais à celui qui pourra la rendre heureuse et pour lequel elle ressent quelque inclination.

D'ailleurs, les jeunes filles noires ne sont en général pas dépourvues d'indépendance au point de se laisser vendre au premier venu. Il est vrai que l'amour ne joue pas ici le même rôle que chez nous lors de la conclusion d'un mariage. Le primitif ignore le romanesque. Les mariages sont habituellement décidés en conseil de famille. Ils sont en général heureux.

La plupart des jeunes filles se marient à 16 ans. Presque toutes les jeunes filles de notre école missionnaire sont déjà destinées à un époux et se marieront dès qu'elles quitteront l'école.

Il peut arriver que des jeunes filles soient promises même avant leur naissance. Un missionnaire m'a conté l'histoire d'un achat de femme de ce genre. Cela se passait aux environs de Samkita. Un homme devait 400 francs à un autre indigène. Au lieu de songer à les rembourser, il s'acheta une femme et se maria. Au cours du repas de cérémonie, le créancier vint et accabla de reproches le marié : n'aurait-il pas mieux fait de payer ses dettes, au lieu de s'acheter une femme ? Le palabre commença. Finalement on convint que le débiteur promettrait au créancier la première fille qui naîtrait de son mariage. Ce dernier s'assit alors parmi les convives et prit part à la fête. Seize ans plus tard, il se présenta comme prétendant et fut agréé. La dette était ainsi payée.

Par mes conversations avec les blancs les plus compétents et les plus expérimentés de cette région, j'en suis venu à la conviction que nous devons améliorer les lois et les mœurs existantes, et n'y rien changer sans nécessité.

Pour terminer, un mot sur les rapports entre blancs et noirs. Quelle sorte de relations établir avec l'homme de couleur ? Dois-je le traiter comme un égal ou comme un inférieur ?

Je dois lui montrer que je respecte la dignité de tout être humain ; et il doit s'en rendre compte. L'essentiel est qu'il existe un esprit de fraternité. Jusqu'à quel point cet esprit se manifestera-t-il dans les rapports quotidiens ? C'est là une question d'opportunité. Le primitif est comme un enfant. Sans autorité on n'obtient rien de l'enfant. Par conséquent, j'établirai les formules de nos relations de manière à ce que mon autorité naturelle y soit exprimée. Mon attitude vis-à-vis du primitif, je la définis de la façon suivante : « Je suis ton frère, mais ton frère aîné. »

Allier la bonté à l'autorité, tel est le secret des vrais rapports avec les indigènes. L'un de nos missionnaires (aujourd'hui décédé), M. Robert, quitta la Société des Missions, il y a quelques années, pour vivre parmi les noirs comme un frère, entièrement. Il se bâtit une petite maison à proximité d'un village, en aval de N'Gômô et voulut être considéré

comme appartenant au village. Dès ce jour, sa vie fut un
martyre. Il avait perdu son influence en renonçant à garder
la distance entre le blanc et les noirs. Sa parole n'avait plus
la valeur d'une « parole de blanc » ; au contraire, il devait,
à propos de tout, discuter longuement d'égal à égal avec les
noirs.

Quand, avant mon départ pour l'Afrique, missionnaires
et commerçants me disaient combien il importait que l'autorité extérieure du blanc fût maintenue, cela me paraissait
de la froideur, un manque de naturel ; et il en est toujours
ainsi quand on en juge d'Europe. Mais je me suis rendu
compte ici que la plus grande cordialité peut s'allier à ce
maintien du prestige extérieur ; elle n'est même possible
qu'à cette condition.

Un missionnaire célibataire de N'Gômô — cette histoire
date de quelques années — permettait à son cuisinier d'user
d'une certaine familiarité à son égard. Un jour, le gouverneur arriva par le vapeur. Le missionnaire était monté à
bord pour présenter ses hommages à ce haut personnage.
Vêtu d'un élégant complet blanc, il se tenait au milieu des
fonctionnaires et des officiers, lorsqu'un noir, la casquette
sur l'oreille et la pipe aux dents, se faufila dans le groupe et
lui demanda :

— Dis donc, que faut-il cuire pour ce soir ?

Le cuisinier avait voulu prouver en quels bons termes il était
avec son maître.

Cependant, le problème de l'autorité n'est pas résolu quand
on évite une familiarité déplacée ; ce n'est que la partie

IX - Tronc d'acajou
l'arbre avait à sa base une épaisseur telle qu'on n'a pu l'attaquer qu'à une hauteur de 4 mètres au-dessus du sol
Les travailleurs maniaient la hache sur l'échafaudage dressé tout autour de l'arbre

X - Train de bois d'okoumé descendant l'Ogooué

XI - Trains de bois attendant leur embarquement sur la plage de Port-Gentil

XII - Factorerie d'une société d'exploitation forestière à Lambaréné

XIII - Un village indigène dans les environs de Lambaréné

XIV - Petite plantation de bananiers à la lisière de la forêt vierge

XV - Maison missionnaire à Lambaréné vue de la maison du docteur

XVI - Bâtiments de l'école des garçons à Lambaréné vus de la maison du docteu

technique du problème. Le blanc n'a de réel ascendant que lorsque l'indigène le respecte. Qu'on ne s'imagine pas que le primitif a pour nous de la considération, parce que nous en savons ou pouvons davantage que lui. Cette supériorité lui semble tellement naturelle qu'elle n'entre pas en ligne de compte. Le blanc pris isolément n'en impose pas aux noirs par le fait que les blancs ont des chemins de fer et des bateaux à vapeur, qu'ils volent même dans les airs ou naviguent sous l'eau. « Les blancs sont malins, ils peuvent tout », dit Joseph. Quant à l'effort intellectuel que représentent les conquêtes techniques, l'indigène n'est pas capable de l'évaluer.

Mais quand il a affaire à un blanc, il sent avec une intuition infaillible si celui-ci est une personnalité, une personnalité morale. En ce cas, l'autorité spirituelle est possible ; autrement, il n'est aucun moyen de la faire naître. Le primitif ne connaît que des jugements de valeur élémentaires et il juge avec les plus élémentaires de tous, les jugements moraux. Quand il rencontre la bonté unie à la justice et à la véracité, la dignité intérieure derrière la dignité extérieure, il s'incline et reconnaît son maître ; quand il ne les trouve pas, il demeure insolent sous des dehors de servilité. Il se dit : « Ce blanc ne vaut pas plus que moi, car il n'est pas meilleur que moi. »

Je ne dis rien de ces nombreux incapables, ni de ces hommes peu respectables qui arrivent dans toutes les colonies. Mais je tiens à m'arrêter sur ce fait que même des individualités morales et idéalistes ont de la peine à être ici ce qu'elles veulent être. Nous sommes tous usés par les formidables conflits entre l'Européen pour qui le travail est une nécessité intérieure, qui est chargé de responsabilités et n'a jamais le temps, et le primitif qui ignore les responsabilités et a toujours le temps. A la fin de l'année, le fonctionnaire doit avoir obtenu des indigènes tant en travail pour la construction et l'entretien des routes, tant en corvées de porteurs et de pagayeurs, tant en impôts versés. L'exploitant forestier et le planteur doivent fournir à leur compagnie un bénéfice proportionné au capital investi dans l'entreprise. Or, ils ont sans cesse affaire à des hommes qui ne prennent aucune part des responsabilités qui leur incombent, ne travaillent que juste ce que l'on peut exiger d'eux et saisissent les moindres relâchements de surveillance pour en user selon leur bon plaisir, sans égard aux dommages qui peuvent en résulter. Dans ce conflit de chaque jour, de chaque heure avec le primitif, il n'est pas un blanc qui ne coure le risque d'une ruine morale grandissante.

Ma femme et moi nous avions en grande estime un exploitant forestier nouvellement arrivé. Dans ses propos, il faisait preuve d'une grande humanité envers les indigènes et ne tolérait pas que ses surveillants exerçassent le moindre mauvais traitement sur ses travailleurs. Mais, au printemps, il lui arriva l'aventure suivante : il avait une grande quantité de bois d'okoumé abattu dans une crique à une centaine de kilomètres d'ici, lorsqu'un câblogramme de sa maison l'appela à Lambaréné pour liquider des correspondances urgentes, au moment précis où les eaux commençaient à monter. Il pria surveillants et ouvriers de tirer bon parti des quelques jours de hautes eaux, pour amener si possible tout le bois dans le fleuve. Quand les eaux baissèrent et qu'il revint, rien n'était fait. On avait fumé, bu et dansé. Le bois, qui avait déjà trop longtemps séjourné dans la crique était en grande partie perdu, et le négociant portait envers sa compagnie la responsabilité du dommage. Ses hommes avaient agi avec légèreté, parce qu'ils ne le craignaient pas assez. Cette expérience l'a complètement transformé. Aujourd'hui, il raille ceux qui croient arriver à quelque chose avec les indigènes sans user d'une inflexible dureté.

Dernièrement, je découvris que les termites avaient pénétré dans une caisse placée sous la véranda de ma maison. Je la vidai, la brisai et en remis les morceaux au noir qui m'avait aidé dans cette besogne.

— Tu vois, lui dis-je, que les termites y sont. Tu n'iras donc pas porter ces débris à l'hôpital pour les mettre avec le bois de cuisine, sinon les termites attaqueront la charpente de nos baraques. Descends au rivage et jette ça dans le fleuve. As-tu compris ?

— Oui, oui ; tu peux être tranquille.

C'était le soir. Trop fatigué pour redescendre encore une fois au bas de la colline, j'étais disposé, par exception, à compter sur la promesse d'un noir, lequel n'était, d'ailleurs, pas dépourvu d'intelligence. Mais à dix heures du soir, je fus pris d'une telle inquiétude, que je saisis ma lanterne et descendis à l'hôpital. Les débris infestés par les termites étaient parmi le bois de chauffage ! Pour s'éviter la peine de faire dix mètres jusqu'au fleuve, mon noir avais mis nos baraques en danger !

Plus les responsabilités qui pèsent sur un blanc sont grandes, plus il court le risque de devenir dur à l'égard des indigènes. Les missionnaires sont trop aisément enclins à porter un jugement sur les autres blancs. Pour eux, qui ne sont pas tenus, comme les fonctionnaires, les exploitants forestiers, les planteurs et les commerçants d'obtenir des indigènes des résultats matériels bien définis en un temps donné, la lutte est moins âpre que pour les autres. Je ne me risque plus à porter un jugement, depuis que j'ai appris à connaître, en soignant des blancs, la mentalité de l'homme chargé de réaliser ici une tâche matérielle. J'ai eu l'intuition que les hommes qui parlent aujourd'hui sans charité des indigènes sont arrivés un jour ici remplis d'idéalisme. Les conflits journaliers les ont épuisés et découragés.

Parmi les primitifs il est extrêmement difficile de pleinement conserver sa personnalité morale et ses sentiments humanitaires, conditions indispensables pour être un messager de civilisation. C'est là l'aspect tragique du problème de l'attitude des blancs à l'égard des noirs, tel qu'il se pose dans la forêt vierge.

VIII

NOËL 1914

UN Noël de guerre dans la forêt vierge ! Lorsque les bougies du petit palmier qui nous servait d'arbre de Noël furent à demi consumées, je les éteignis.

— Que fais-tu ? me demanda ma femme.

— Ce sont les seules que nous ayons, dis-je, elles devront servir encore pour l'an prochain.

— Pour l'an prochain ?

Elle secoua la tête.

Le 4 août, deux jours après notre retour de Port-Gentil, j'avais préparé quelques médicaments destinés à une dame malade de cette localité. J'envoyai Joseph à une factorerie pour demander si son vapeur pouvait descendre ce paquet à son prochain voyage à la côte. Joseph me rapporta un billet du blanc : « On mobilise en Europe et c'est probablement déjà la guerre. Nous devons tenir notre vapeur à la disposition des autorités et nous ne savons quand il descendra le fleuve. »

Il nous fallut plusieurs jours pour réaliser qu'il y avait la guerre en Europe. Depuis le commencement de juillet, nous n'avions reçu aucune nouvelle d'Europe et nous ignorions tout des complications qui avaient provoqué ce tragique événement.

Les indigènes comprirent d'abord peu de choses à ce qui se passait. Parmi eux, les catholiques s'intéressaient, en automne, davantage à l'élection du pape qu'à la guerre.

— Docteur, me dit Joseph au cours d'un voyage en pirogue, comment donc les cardinaux choisissent-ils le pape ? Prennent-ils le plus âgé, le plus pieux, ou le plus intelligent ?

— Suivant les circonstances, tantôt celui-ci, tantôt celui-là, répondis-je.

Au début, les travailleurs noirs ne considéraient pas la guerre comme un malheur. Pendant plusieurs semaines leurs maîtres n'exigeaient d'eux presque rien en fait de travail. Ils se réunissaient jour après jour pour discuter entre eux les nouvelles venues d'Europe. Mais à présent les indigènes commencent à comprendre que cette affaire aura des conséquences pour eux. Comme, faute de bateaux, on ne peut plus exporter de bois pour le moment, les entreprises d'exploitation forestières congédient les travailleurs étrangers engagés pour une année ; et comme il n'y a pas de navire pour les rapatrier, ils se rassemblent en groupes et cherchent à gagner à pied la côte de Loango dont ils sont originaires pour la plupart.

En outre, le tabac, le sucre, le riz, le pétrole et l'alcool ayant fortement renchéri, les noirs sont bien amenés à comprendre qu'il y a la guerre. C'est cet aspect des événements qui les préoccupe le plus actuellement. Dernièrement, tandis que nous pansions ensemble des ulcères, Joseph, selon son habitude, recommença à se lamenter sur le renchérissement général causé par la guerre.

— Joseph, lui dis-je, tu ne dois pas parler ainsi. Ne vois-tu pas comme les visages des missionnaires, de madame docteur et du docteur sont soucieux ? Pour nous, la guerre est bien autre chose qu'un renchérissement désagréable. Chacun de nous est dans l'angoisse au sujet de tant d'êtres aimés ; nous entendons de loin les gémissements des blessés et les râles des mourants.

Il leva vers moi des yeux étonnés. Depuis lors, je constate qu'il a eu à ce moment-là la révélation de quelque chose qui lui était demeuré caché.

Beaucoup d'indigènes, nous le sentons, se demandent comment il se peut que les blancs qui leur apportent l'Evangile de l'amour se massacrent maintenant entre eux, au mépris des enseignements du Seigneur Jésus. Lorsqu'ils nous posent la question, nous sommes désemparés. Interpellé sur ce sujet par des noirs qui réfléchissent, je ne cherche ni à expliquer, ni à embellir, mais je dis que nous nous trouvons en présence de quelque chose d'incompréhensible et d'épouvantable. On ne pourra évaluer que plus tard le préjudice que la guerre à causé à l'autorité morale et religieuse des blancs sur les indigènes. Je crains que le dommage ne soit immense.

Dans ma maison, je veille à ce que les noirs apprennent le moins possible des atrocités de la guerre. Je ne permets pas que les journaux illustrés qui nous parviennent — le service postal recommence à fonctionner — traînent sur la table, afin que les boys qui savent lire ne puissent se plonger dans la lecture du texte et la contemplation des illustrations, et raconter ailleurs ce qu'ils ont appris.

L'activité médicale a repris normalement. Chaque matin, en descendant à l'hôpital, je me rends compte que je jouis d'un inestimable privilège en pouvant faire du bien à mon prochain et conserver des vies humaines, au moment où tant d'hommes sont obligés, pour remplir leur devoir, de faire du mal à d'autres et de tuer. Ce sentiment me soutient dans toutes mes fatigues.

Le dernier bateau qui est parti d'Europe en temps de paix m'a apporté quelques caisses de médicaments et deux caisses d'objets de pansement. Ces dernières sont un don de madame Albert Hartmann de Munster qui s'intéresse à mon œuvre. Je suis donc pourvu pour plusieurs mois du matériel le plus indispensable à la marche de l'hôpital. Les marchandises que ce navire n'a pas apportées sont encore sur les quais du Havre ou d'Anvers. Qui sait quand elles arriveront, ou si même nous les recevrons jamais ?

Je ne sais comment je pourrai continuer à nourrir mes malades. Nous avons presque la famine, à cause des éléphants. En Europe, on se figure volontiers que les animaux sauvages commencent à disparaître, partout où la civilisation pénètre. Ce peut être le cas en certaines régions ; ailleurs c'est presque le contraire. Pourquoi ? Pour trois raisons. Si la population indigène diminue, comme c'est le cas en maint endroit, on chasse moins. Et puis, on chasse aussi moins bien. Les indigènes ont oublié l'art primitif et pourtant si raffiné souvent, avec lequel leurs ancêtres prenaient le gibier au piège. Ils chassent à présent avec le fusil. Or, pour éviter les révoltes éventuelles, les autorités en Afrique occidentale et en Afrique équatoriale ne délivrent que peu de poudre aux indigènes. En outre, il leur est interdit de posséder un fusil de chasse moderne, et ils n'ont que de vieux fusils à pierre. Troisièmement, enfin, la lutte contre les fauves est poussée avec moins d'énergie qu'autrefois, parce que les indigènes n'en ont plus le temps. Ils gagnent plus d'argent dans les entreprises des blancs que comme chasseurs. Aussi les éléphants peuvent-ils prospérer et se multiplier sans être sérieusement inquiétés.

Nous commençons à nous en apercevoir. Les plantations de bananiers des villages situés au nord-ouest de notre station et qui nous fournissent des vivres sont constamment visitées par les éléphants. Une vingtaine de ces animaux suffisent pour dévaster une grande plantation en une seule nuit. Ils piétinent ce qu'ils ne mangent pas.

Les éléphants sont un danger, non seulement pour les plantations, mais aussi pour le télégraphe. La ligne télégraphique qui va de Libreville à N'Djolé en sait quelque chose. Tout d'abord, cette grande tranchée qui traverse en ligne droite la forêt vierge est bien tentante pour ces animaux. Et puis les poteaux droits et lisses sont d'un attrait irrésistible. Ils

conviennent si bien aux pachydermes qui désirent se frotter !
Il est vrai qu'ils ne sont pas toujours très solides. Qu'on s'y
appuie un peu fort, les voilà par terre. Mais il en reste toujours un autre, tout semblable, non loin de là. C'est ainsi
qu'un éléphant vigoureux renverse parfois en une seule nuit
la ligne télégraphique sur une grande distance. Il peut s'écouler plusieurs jours avant que les équipes du prochain poste
de surveillance aient découvert et réparé les dégâts.

Quoique les éléphants qui rôdent dans les environs me
causent de sérieuses inquiétudes pour l'alimentation des
malades, je n'en ai pas encore vu, et n'arriverai sans doute
pas à en apercevoir. Ils se tiennent tout le jour en d'inabor-
dables marécages et ne vont qu'à la nuit piller les plantations
préalablement repérées.

Un indigène, qui est ici avec sa femme malade du cœur
et qui sculpte fort bien le bois, m'avait taillé un éléphant.
Tout en admirant son œuvre d'art primitive, je me permis de
lui faire observer que le ventre n'était peut-être pas tout à
fait réussi. L'artiste, froissé, haussa les épaules.

— Tu veux peut-être m'apprendre comment est fait un
éléphant ? J'ai déjà été couché sous un éléphant qui voulait
me piétiner.

Cet artiste était en effet également un chasseur d'éléphants
renommé. Pour chasser, les indigènes se glissent jusqu'à dix
pas de l'éléphant puis font feu de leur fusil. Si le coup n'est
pas mortel et que la bête les découvre, ils n'arrivent pas
toujours à s'en tirer.

Jadis, quand les bananes faisaient défaut pour mes malades,

je disposais de riz pour les nourrir. Aujourd'hui je n'en ai plus. Je suis obligé de réserver pour nous le peu qui m'en reste. En recevrons-nous encore d'Europe ? C'est plus que problématique.

IX

NOËL 1915

Encore un Noël dans la forêt vierge ! Et encore un Noël de guerre. Les bouts de bougies, conservés depuis l'an dernier, ont fini de se consumer cette année sur notre palmier de Noël.

Ce fut une année difficile. Durant les premiers mois, des besognes extraordinaires s'ajoutèrent au travail habituel. De fortes pluies d'orage avaient entamé l'emplacement sur lequel se trouve la plus grande baraque des malades. Je dus me résoudre à le renforcer de tous côtés par des travaux de maçonnerie et à établir à travers tout l'hôpital des rigoles pavées pour l'écoulement de l'eau qui descend de la colline. Ces travaux exigèrent beaucoup de grosses pierres que l'on amena dans des pirogues ou que l'on roula du haut de la colline. Ma présence et mon aide étaient sans cesse nécessaires. Il fallut ensuite faire les travaux de maçonnerie ; je fus alors secondé par un indigène qui avait quelques connaissances dans ce domaine. Nous trouvâmes par bonheur à la station des fûts de ciment, quelque peu avarié il est vrai. Nous mîmes quatre mois pour achever ce travail.

Je pensais pouvoir prendre enfin un peu de repos. Mais je découvris alors que, malgré toutes mes précautions, les termites avaient pénétré dans les caisses contenant les réserves de médicaments et de matériel de pansement. Il fallut donc ouvrir toutes les caisses et mettre leur contenu dans d'autres. Ce travail absorba de nouveau tous nos loisirs durant plusieurs semaines. Heureusement que j'avais découvert la chose à temps, sinon le dommage eût été beaucoup plus grand encore. L'odeur spéciale, fine et empyreumatique, que dégagent les termites avait attiré mon attention. Extérieurement, les caisses étaient intactes. L'invasion s'était produite dans le fond par une petite ouverture. De la première caisse, les insectes avaient passé à celles qui se trouvaient au-dessus et à côté, en dévorant tout sur leur passage. Ils avaient été probablement attirés par un flacon de sirop pharmaceutique dont le bouchon de liège ne fermait plus bien.

Oh ! la lutte contre la gent rampante, en Afrique ! Quel temps l'on perd à se mettre en garde contre elle ! Et quelle rage impuissante, quand il faut sans cesse constater que l'on a quand même été vaincu !

Ma femme a appris à souder, pour pouvoir fermer hermétiquement les boîtes en fer-blanc contenant la farine ou le maïs. Il nous arrive pourtant de trouver dans ces boîtes soudées des milliers de ces petits charançons (*calandra gra-*

naria) tant redoutés. En peu de temps, ils réduisent en poussière le riz destiné aux malades et le maïs des volailles.

On craint beaucoup ici certains petits scorpions et d'autres insectes piqueurs. Leur présence rend si prudent que l'on ne se risque jamais à introduire la main à l'aveuglette dans un tiroir ou dans une caisse, comme en Europe. Les doigts ne s'aventurent que sous le contrôle des yeux.

Les célèbres fourmis guerrières, qui appartiennent au genre *Dorylus,* sont des ennemis redoutables. Nous avons beaucoup à en souffrir. Dans leurs grandes migrations, elles marchent en colonnes par cinq ou six en ordre exemplaire. J'eus l'occasion d'observer une fois, non loin de notre maison, une colonne dont le défilé dura trente-six heures. Si dans leur marche elles traversent un terrain découvert ou un sentier, les « soldats », armés de puissantes mandibules, forment une haie de plusieurs rangs sur les flancs de la colonne et protègent les ouvriers qui transportent le couvain. En formant la haie, les soldats tournent le dos à la troupe, comme naguère les cosaques qui gardaient le tsar. Ils restent dans cette position durant des heures.

D'ordinaire, deux ou trois colonnes indépendantes marchent parallèlement, à une distance de cinq à cinquante mètres l'une de l'autre. A un moment donné, elles se déploient. On ignore la façon dont se transmet le commandement. Mais en un clin d'œil une grande surface se couvre d'un grouillement noir. Tout ce qui s'y trouve en fait d'animaux de petite taille est perdu. Même les grandes araignées sur les arbres ne peuvent se sauver. Leurs terribles agresseurs les suivent en bandes jusque sur les rameaux les plus élevés. Si, acculées, elles se laissent choir à terre, elles y sont la proie des fourmis restées sur le sol. La tragédie est effroyable. Le militarisme de la forêt vierge soutient presque la comparaison avec celui de l'Europe.

Notre maison se trouve sur une importante voie stratégique de ces fourmis. C'est de nuit qu'elles se mettent ordinairement en campagne. Un piétinement et un gloussement particuliers des poules nous avertissent du danger. Il s'agit alors de ne pas perdre un instant. Je saute hors du lit, je cours au poulailler et je l'ouvre. A peine est-il ouvert que les poules se précipitent au dehors ; si elles y restaient enfermées, elles deviendraient la proie des fourmis. Celles-ci se glissent dans les narines et dans le bec des volailles et les étouffent ; puis elles les dévorent en peu de temps et ne laissent que les os proprement nettoyés. Les pauvres poussins sont aussitôt victimes des agresseurs. Les poules d'ordinaire parviennent à s'en défendre jusqu'à l'arrivée du secours.

Pendant ce temps, ma femme a saisi le clairon suspendu à la paroi du poulailler et sonné trois coups. C'est le signal enjoignant à N'Kendjou et aux hommes valides de l'hôpital de courir au fleuve et d'en remonter des seaux pleins d'eau. On mélange du lysol à l'eau, puis on arrose le sol autour de la maison et sous la maison (bâtie sur pilotis). Durant cette opération, nous sommes copieusement maltraités par les soldats. Ils grimpent le long de nos jambes et nous enfoncent les mandibules dans la peau. J'en comptai une fois près d'une cinquantaine sur moi. Ces bestioles mordent si fort que l'on n'arrive pas à leur faire lâcher prise. Quand on veut les ôter, leur corps se partage et leurs mandibules restent dans la chair et doivent être enlevées l'une après l'autre. Tout ce drame se déroule dans l'obscurité, à la lumière de la lanterne tenue par ma femme.

Enfin, les fourmis se remettent en route. Elles ne peuvent pas supporter l'odeur du lysol. Des centaines de cadavres gisent dans les flaques.

Nous eûmes une fois trois invasions en une semaine. Le missionnaire Coillard, dont je lis en ce moment les mémoires, eut également beaucoup à souffrir des fourmis guerrières au Zambèze.

Les principales migrations de ces fourmis ont lieu au début et à la fin de la saison des pluies. Entre ces périodes, leurs attaques sont moins à redouter. Leur dimension ne dépasse guère celle de nos fourmis rouges d'Europe. Mais leurs mandibules sont beaucoup plus fortement développées et leur allure beaucoup plus rapide. J'ai d'ailleurs été frappé de la remarquable vivacité de toutes les fourmis de l'Afrique équatoriale.

Joseph m'a quitté. Privé de mes ressources financières de Strasbourg et forcé de faire des dettes, je fus obligé de réduire son traitement de 70 à 35 francs par mois. Je lui expliquai que je ne m'étais résolu à cette mesure qu'à la dernière extrémité. Il m'a néanmoins donné son congé parce que sa dignité ne lui permet pas de servir pour un salaire aussi modique. Nous vidâmes la tirelire où il mettait l'argent destiné à l'achat d'une femme. Elle contenait environ 200 francs. En quelques semaines il eut tout gaspillé. Il demeure chez ses parents, de l'autre côté du fleuve.

Il faut maintenant que je m'en tire avec N'Kendjou seul. Il est habile, excepté dans ses jours de mauvaise humeur où l'on n'en peut rien obtenir. Je dois donc faire moi-même bien des choses dont Joseph s'acquittait.

Pour le traitement des plaies suppurantes, j'utilise avec grand profit le violet de méthyle (appelé aussi violet de gentiane) pur. C'est au docteur Stilling, professeur d'ophtalmologie à Strasbourg, que revient le mérite d'avoir fait des expériences décisives sur le pouvoir désinfectant de cette matière colorante à l'état concentré. Il a mis à ma disposition une certaine quantité préparée sous sa surveillance, pour que j'en fasse l'essai ici. Elle me parvint peu avant la guerre ; j'en tentai l'expérience, non sans prévention. Or, les effets en sont tels, qu'ils rachètent largement les inconvénients dus à l'emploi d'une matière tachant les pansements. Le violet de méthyle a la propriété de tuer les bactéries sans attaquer les tissus, ni les irriter, et de n'être absolument pas toxique. A cet égard, il est bien supérieur au sublimé, au phénol et à la teinture d'iode. Au médecin pratiquant en brousse il rend des services comme nulle autre matière bactéricide. D'après ce que j'ai constaté jusqu'ici, il favorise également d'une manière remarquable la régénération de l'épiderme, dans la guérison des ulcères.

Avant la guerre, j'avais commencé à réclamer un modeste

payement pour les médicaments à ceux de mes malades qui me paraissaient n'être pas tout à fait indigents. Je recueillais ainsi 200 à 300 francs par mois, environ. Quoique ce ne fût qu'une part minime de mes frais mensuels pour les produits pharmaceutiques employés, c'était cependant quelque chose. Actuellement, il n'y a plus d'argent dans la contrée. Je dois livrer presque tout gratuitement aux indigènes.

Parmi les blancs, il y en a qui sont depuis quatre ou cinq ans sous l'équateur, et que la guerre empêche de rentrer en Europe. Certains d'entre eux sont à bout de forces, et obligés de se rendre chez le docteur pour y être en réparation, comme on dit dans l'Ogooué. Les malades de cette catégorie demeurent chez nous pendant des semaines. Il en vient parfois deux ou trois ensemble. Je leur cède alors ma chambre à coucher et dors sur la véranda, protégé des moustiques par un treillis métallique. Ce n'est pas, je dois le dire, un gros sacrifice, car j'ai plus d'air sur la véranda que dans ma chambre. Pour rétablir ces malades, l'essentiel n'est pas tant les médicaments que la bonne nourriture préparée par ma femme. J'ai déjà dû m'opposer à ce que les malades de Port-Gentil vinssent à Lambaréné, attirés par le bon régime, au lieu de se faire soigner par le médecin de là-bas — lorsqu'il y en avait un. Par bonheur, j'ai encore une bonne provision de lait condensé pour ces malades. J'ai contracté des liens d'excellente amitié avec plus d'un de ces hôtes blancs. Mes entretiens avec ceux qui résident depuis longtemps dans ce pays enrichissent mes connaissances sur la contrée et les problèmes de la colonisation.

Notre santé, sans être positivement mauvaise, laisse à désirer. Il va sans dire que nous avons déjà l'anémie des tropiques. Elle se manifeste par une grande lassitude. Quand j'ai remonté le raidillon conduisant de l'hôpital à notre maison, je n'en puis plus. Il n'y a pourtant que quatre minutes de marche. Nous éprouvons également cette singulière nervosité qui accompagne l'anémie des tropiques. En outre, nos dents sont en mauvais état. Ma femme et moi, nous nous appliquons réciproquement des obturations provisoires. Je puis faire pour elle à peu près ce qu'il faut ; mais il n'y a personne ici qui puisse me donner les soins dont j'aurais besoin, car il s'agirait d'extraire deux dents cariées irrémédiablement.

Forêt vierge et maux de dents ! Que d'histoires on pourrait raconter sur ce thème. Je connais un blanc qui, il y a quelques années, ne pouvant plus supporter ses rages de dents, dit à sa femme :

— Va chercher les petites tenailles dans la boîte à outils.

Il se coucha sur le sol. Sa femme s'agenouilla sur lui et, de son mieux, saisit la dent malade avec les tenailles. Alors, appuyant ses mains autour de celles de sa femme, il tira énergiquement ; fort heureusement, la dent se montra d'assez bonne composition pour céder à cette manœuvre.

Fait qui m'étonne : malgré mes fatigues et l'anémie, j'ai conservé presque intacte ma vigueur intellectuelle. Quand la journée n'a pas été trop pénible, je puis encore, après le repas du soir, travailler pendant une ou deux heures à mon ouvrage sur la notion de la civilisation et sur l'idée fondamentale de l'éthique dans l'histoire de la pensée humaine. Les livres dont j'ai besoin pour ce travail et que je ne possède pas me sont envoyés par M. Strohl, professeur de zoologie à l'Université de Zurich. Ma table est placée contre la porte grillagée qui ouvre sur la véranda. Je puis ainsi respirer, autant que possible, la brise légère du soir. Les palmiers accompagnent de leur bruissement doux la musique aiguë des grillons. Des cris cacophoniques et inquiétants me parviennent de la forêt vierge. Caramba, mon chien fidèle, couché sur la véranda, grogne doucement pour me rappeler sa présence. Une petite antilope-naine est étendue à mes pieds sous la table. Dans cette solitude, je cherche à formuler les pensées qui me préoccupent depuis 1900, pour contribuer à la reconstruction de la civilisation. O solitude de la forêt vierge, comment pourrais-je assez te remercier pour tout ce que tu fus pour moi !

Entre le repas de midi et la reprise du travail à l'hôpital, je consacre une heure à la musique ; les après-midi du dimanche lui appartiennent aussi. Ici encore, je bénéficie des avantages du travail dans la solitude. J'arrive à une compréhension plus simple et plus profonde des œuvres pour orgue de J.-S. Bach.

En Afrique, il est de toute nécessité d'avoir un travail intellectuel qui soutienne le moral. Si paradoxal que cela paraisse, l'homme cultivé supporte mieux la vie dans la forêt vierge que tout autre, parce qu'il possède un réconfort que les autres ne connaissent pas. Plongé dans la lecture d'un livre qui donne à penser, il cesse d'être celui qui s'use à lutter contre la négligence des indigènes et toutes les difficultés de la vie d'ici. Il redevient un être humain. Malheur à celui qui ne parvient pas à se recueillir ainsi et à reprendre des forces ! Tôt ou tard il sera usé par l'effroyable prosaïsme de la vie africaine.

J'eus dernièrement la visite d'un blanc, exploitant forestier. En le reconduisant à sa pirogue, je lui offris un peu de lecture pour les deux jours de voyage qu'il avait en perspective.

— Merci, me dit-il, je suis pourvu.

Et il me fit voir un livre posé sur sa chaise longue, dans sa pirogue. C'était *l'Aurora,* de Jacob Boehme. Cet ouvrage du savetier mystique du début du xviie siècle le suit dans tous ses voyages. On sait que presque tous les grands explorateurs qui ont parcouru l'Afrique emportaient des lectures « sérieuses » dans leurs bagages.

Les nouvelles de la guerre nous parviennent maintenant assez régulièrement. Tous les quinze jours environ, on nous apporte, soit de N'Djôlé — où passe la grande ligne télégraphique de Libreville à l'intérieur — soit de Port-Gentil, les télégrammes qui résument les communiqués quotidiens. L'administration du district les fait porter par un milicien noir dans les factoreries et aux deux stations missionnaires. On les lit tandis que le messager attend qu'on les lui rende. En-suite, pendant quinze jours, on se borne à faire des réflexions sur la guerre en général.

La nouvelle se répand ces jours-ci que, parmi les blancs qui ont quitté l'Ogooué pour aller en Europe remplir leurs obligations militaires, dix déjà sont tombés.

— Dix hommes ont déjà été tués dans cette guerre ! disait un vieux Pahouin. Mais pourquoi donc ces tribus ne se ras-semblent-elles pas pour régler le palabre ? Comment pour-ront-elles payer tous ces morts ?

Chez les indigènes, vainqueurs et vaincus payent au parti adverse ceux qui sont tombés à la guerre.

Quand le courrier postal arrive, notre cuisinier Aloys m'arrête.

— Docteur, est-ce que la guerre dure encore ?

— Oui, Aloys, la guerre dure toujours.

Il secoue la tête avec tristesse et répète à plusieurs reprises :

— Oh ! la la ! oh ! la la !

Il est du nombre des noirs que la pensée de la guerre fait réellement souffrir.

Nous économisons maintenant avec grand soin les denrées européennes. Les pommes de terre commencent à devenir une rareté. Dernièrement, un blanc m'en a fait cadeau de quel-ques douzaines qu'il m'a envoyées par son boy. J'en ai conclu qu'il se sentait malade et recourrait bientôt à mes soins. C'était bien le cas.

A la fin de l'été, nous pûmes, en compagnie de M. et madame Morel, missionnaires à Samkita, passer quelques semaines à Port-Gentil. Une compagnie commerciale, dont nous avions soigné et hébergé plusieurs employés pendant leur maladie, mit trois chambres à notre disposition dans l'une de ses factoreries. L'air de la mer nous fit un bien merveilleux.

X

DE LA MISSION

Lambaréné, juillet 1916.

C'EST la saison sèche. Le soir, nous nous promenons sur les grands bancs de sable du fleuve et y respirons l'air frais qui remonte la vallée. A l'hôpital, c'est un peu plus calme que d'ordinaire, ces jours-ci. Les habitants des villages sont partis pour leurs grandes campagnes de pêche. Quand elles seront terminées, on m'amènera des malades. J'utilise ces heures de loisir pour noter les impressions que la Mission m'a produites.

Voici plus de trois ans que je vis sur une station missionnaire. Quelles pensées me suggèrent les observations que j'ai pu y faire ?

Comment et dans quelle mesure l'homme primitif comprend-il le christianisme ?

En Europe on se plaît à soutenir que le christianisme est trop élevé pour les peuples primitifs. Moi-même j'étais troublé par cette question jadis. Mon expérience me permet maintenant d'y répondre.

Tout d'abord, je constate que l'indigène est beaucoup plus « réfléchi » qu'on ne se le figure généralement. Bien qu'il ne sache ni lire, ni écrire, il a cependant médité sur bien plus de choses que nous ne le croyons. J'ai été profondément ému par les conversations que j'ai eues, à l'hôpital, avec des indigènes d'un certain âge sur les ultimes problèmes de l'existence. La différence entre blanc et noir, entre civilisé et primitif, disparaît, lorsqu'on en vient à s'entretenir avec les habitants de la forêt vierge de questions qui concernent nos rapports avec nous-mêmes, avec les hommes, avec le monde et avec l'éternité.

Il existe donc chez l'indigène une grande aptitude naturelle à comprendre et à recevoir les éléments essentiels de la religion. Par contre, les bases historiques du christianisme lui restent en une certaine mesure étrangères. L'histoire n'a pas de place dans sa conception du monde. Il ne peut pas évaluer le temps qui nous sépare de Jésus. De même, on a peine à lui faire comprendre les articles de foi qui définissent la manière dont la rédemption aurait été préparée et réalisée suivant le plan divin. Par contre il ressent très vivement l'idée de la rédemption en elle-même. Pour lui, le christianisme est la lumière qui brille dans les ténèbres de ses angoisses. Il lui donne l'assurance qu'il n'est pas à la merci des esprits de la nature et de ses ancêtres, ni des fétiches, et que nul homme ne possède de pouvoir magique sur ses semblables, mais que seule la volonté divine règne dans le monde.

On sait que l'espérance ou la crainte de l'au-delà ne jouent aucun rôle dans la religion des primitifs. Le noir ne redoute pas la mort. Il la considère comme quelque chose de naturel. Le christianisme, sous la forme plutôt moyenâgeuse de la crainte du jugement dernier, lui est beaucoup moins accessible que sous sa forme morale. Le christianisme est pour lui une certaine conception morale de la vie et du monde, révélée par Jésus, la doctrine du Royaume de Dieu et de la grâce.

Un rationaliste pieux et éthique sommeille en tout indigène. Il est naturellement ouvert à la notion du bien et à tout ce qui s'y rattache dans la religion. Rousseau et les philosophes de son temps ont évidemment idéalisé l'enfant de la nature ; leur conception du primitif bon et raisonnable contient cependant une parcelle de vérité.

Que l'on ne s'imagine pas avoir décrit le monde des pensées d'un noir, quand on a dressé l'exact inventaire des superstitions et des notions juridiques qui lui sont transmises par ses ancêtres. Il est soumis à ces idées, mais elles ne constituent pas le tout de sa notion du monde. Dans son for intérieur, il pressent obscurément que la conception de ce qui est bon doit résulter de la réflexion. A mesure qu'il apprend à connaître les grands principes moraux de la religion de Jésus, ce qui était en lui jusque-là muet arrive à s'exprimer et quelque chose qui était jusque-là lié se dénoue. Plus je fréquente les indigènes de l'Ogooué, plus ces faits me deviennent évidents.

La rédemption par le Christ apparaît donc à l'indigène

comme une double délivrance. Il envisageait la vie avec angoisse, il n'a plus de crainte ; il était amoral, il devient moral.

Jamais je n'ai si bien éprouvé ce qu'il y a d'élémentaire et de victorieux à la fois dans les pensées de Jésus, que lorsque j'eus le privilège d'exposer aux indigènes, dans la grande baraque scolaire de Lambaréné qui sert d'église, le sermon sur la montagne, les paraboles du Seigneur et les paroles de l'apôtre Paul sur la vie nouvelle.

Jusqu'à quel point le noir, une fois chrétien, devient-il réellement un autre homme ? Par le baptême il a abjuré toute superstition. Mais la superstition a été jusqu'ici tellement mêlée à sa vie individuelle et sociale, qu'il ne peut s'en débarrasser du jour au lendemain. Il a constamment des rechutes, petites ou grandes. J'estime cependant qu'il ne faut pas prendre au tragique le fait que l'indigène ne parvient pas à se libérer définitivement de ces pratiques ancestrales. Il importe seulement d'employer tous les moyens susceptibles de lui faire comprendre que, derrière ces usages, il n'y a rien, pas même un démon.

Dès qu'un enfant vient au monde dans mon hôpital, sa mère et lui sont badigeonnés de blanc sur le corps et le visage, au point de paraître repoussants. Cette pratique se retrouve chez presque tous les peuples primitifs. Il est probable qu'elle a pour but d'effrayer ou de dérouter les démons qui pourraient devenir, en ce moment-là, particulièrement dangereux pour l'un et l'autre. Je ne m'oppose pas à cette coutume. Je dis parfois moi-même, lorsque l'accouchement est terminé :

— Surtout, qu'on n'oublie pas la peinture !

En certaines occasions, l'ironie amicale nuit davantage à l'influence des esprits et des fétiches qu'un zèle combatif. Faut-il rappeler ici que nous autres Européens possédons encore bon nombre de coutumes qui, sans que nous nous en rendions compte, proviennent de conceptions païennes ?

La conversion morale demeure, elle aussi, assez incomplète. Pour être juste à l'égard du chrétien indigène, il faut distinguer entre la morale du cœur et la moralité civile. Dans la première, il accomplit souvent de grandes choses. Il faut vivre au milieu des indigènes pour se rendre compte de ce que représente, pour un primitif devenu chrétien, le renoncement à des coutumes traditionnelles, telles que la vengeance ou la vendetta. Je trouve d'ailleurs que l'homme primitif est plus débonnaire que l'Européen. Le christianisme aidant, des caractères d'une noblesse remarquable peuvent surgir. Je ne suis sans doute pas le seul blanc qui ait eu l'occasion d'être émerveillé des qualités intérieures de tel ou tel indigène. Par contre lorsqu'il s'agit, non plus de pratiquer la religion de l'amour, mais de se défaire de l'habitude du mensonge et du vol, pour devenir un être digne de confiance, conformément à nos notions, c'est une autre affaire. S'il m'est permis de risquer un paradoxe, je dirais que l'indigène converti fait plus souvent preuve de moralité que d'honnêteté.

Condamner le chrétien indigène ne servirait guère. Nous devons plutôt veiller à l'induire le moins possible en tentation.

On trouve d'ailleurs des chrétiens indigènes qui sont devenus des personnalités morales à tous égards remarquables. J'en rencontre un chaque jour. C'est Ojembo, l'instituteur noir de notre école de garçons. Ojembo signifie « le chant ».

Comment se fait-il que les commerçants et les fonctionnaires portent souvent un jugement si défavorable sur les chrétiens noirs ? Au cours de ma traversée déjà, deux passagers m'avaient dit que par principe ils n'engageaient jamais de boys chrétiens. C'est parce qu'on rend le christianisme responsable de certains résultats peu sympathiques produits par l'émancipation. Les jeunes gens chrétiens ont, pour la plupart, fréquenté les écoles de la Mission et passent en général par la crise que l'instruction scolaire déclenche chez les noirs. Ils se croient au-dessus de certains travaux et ne veulent plus être traités comme un « noir ordinaire ». J'en ai fait l'expérience avec plusieurs de mes propres boys. L'un d'eux, Atombogounyo, élève de la classe supérieure de l'école de N'Gômô, fut à mon service durant les vacances scolaires. Dès le premier jour, il ouvrit un livre à côté de lui, en lavant la vaisselle à la véranda. Ma femme disait :

— Quel brave garçon ! Quel zèle pour l'étude !

Mais bientôt nous comprîmes que ce livre ouvert n'annonçait pas seulement un grand zèle pour l'étude, mais qu'il servait d'avertissement. Ce gamin de quinze ans voulait nous montrer qu'il était, en somme, trop bon pour le travail domestique dont il était chargé, et qu'il ne voulait pas être mis sur le même pied que les autres boys. Pour finir, sa présomption devint si intolérable que je le congédiai sans ménagements.

Comme, dans de nombreuses colonies, presque toutes les écoles relèvent de la Mission, les conséquences fâcheuses de l'émancipation se manifestent surtout chez les anciens élèves des écoles missionnaires, et c'est au christianisme que l'on en impute toute la responsabilité.

Les blancs oublient trop souvent ce qu'ils doivent à la Mission. Me trouvant un jour sur le vapeur fluvial en compagnie du directeur d'une grande compagnie commerciale, je l'entendis vitupérer contre les Missions ; je lui demandai :

— Qui donc a formé les commis noirs que vous employez dans vos factoreries ? A qui êtes-vous redevable de trouver dans l'Ogooué des indigènes sachant lire, écrire et calculer, et dignes de quelque confiance ?

Il n'eut rien à répondre.

Comment la Mission fonctionne-t-elle ? Que comporte une station missionnaire et de quelle manière travaille-t-elle ?

En Europe, on se représente volontiers une station missionnaire comme une paroisse rurale dans la forêt vierge.

Mais c'est quelque chose de bien plus vaste et complexe : un siège épiscopal, un centre scolaire, une ferme et un marché !

Normalement, une station missionnaire devrait comprendre : un missionnaire chef de la station, un missionnaire chargé des tournées d'évangélisation, un missionnaire instituteur à l'école des garçons, une institutrice à l'école des filles, un ou deux missionnaires-artisans et si possible un médecin. Ce n'est qu'avec un tel personnel que l'on peut obtenir des résultats. Si la station est incomplète, on use les hommes et l'argent, sans obtenir un rendement correspondant.

Un exemple. Au début de mon séjour ici, il y avait à Talagouga l'excellent missionnaire américain, M. Ford, venu de Libreville. Mais la station manquait d'un missionnaire-artisan. A un moment donné, le plancher de la maison sur pilotis dans laquelle logeaient M. Ford, sa femme et ses enfants exigea d'urgentes réparations ; des trous y livraient passage aux moustiques qui, comme porteurs des microbes du paludisme, étaient un danger pour les habitants. M. Ford se mit donc lui-même au travail. Il en eut pour deux mois. Pendant ce temps, toute la contrée fut sans missionnaire. Un missionnaire-artisan aurait en trois semaines fait une réparation durable. C'est un exemple parmi des centaines d'autres qui prouve la détresse et le défaut de rendement d'une station missionnaire insuffisamment desservie.

Sous les tropiques, un Européen produit tout au plus la moitié du travail qu'il peut fournir dans un climat tempéré. S'il doit disperser son activité, il s'use avec une telle rapidité, qu'au bout d'un certain temps il est sans doute encore présent, mais il ne représente plus une force agissante. C'est pourquoi il est indispensable de pratiquer strictement la division du travail, bien que, d'autre part et quand les circonstances l'exigent, chacun doive pouvoir s'atteler à n'importe quelle besogne. Un missionnaire qui n'est pas en même temps au courant des métiers manuels et de la plantation et qui ne possède pas quelques notions des soins à donner aux malades, est un malheur pour une station.

Il faudrait que le missionnaire chargé de l'évangélisation n'ait à s'occuper en aucune manière de la marche de la station. Il doit être libre d'entreprendre à tout moment ses tournées, courtes ou longues, dans les villages. De même, il ne doit pas être obligé de rentrer à jour fixe. Au cours d'un voyage, il peut être appelé à se rendre à telle ou telle localité qui ne figure pas dans son itinéraire, mais où les habitants désirent entendre l'Evangile. Il ne faut pas qu'il soit obligé de répondre qu'il n'a pas le temps. Il devra, au contraire, être en mesure de consacrer deux ou trois jours, peut-être même une semaine à ce travail supplémentaire. Rentré chez lui, il est dans l'obligation de prendre du repos ; quinze jours de voyage sur le fleuve ou dans les sentiers de la forêt vierge ont épuisé ses forces.

Des tournées d'évangélisation trop peu nombreuses et trop hâtives : telle est la triste réalité dans presque toutes les missions. Ce fâcheux état de choses est toujours dû à un manque de personnel ou à une répartition défectueuse du travail, qui oblige le missionnaire itinérant à s'occuper des choses de la station, et le chef de station à faire des tournées missionnaires.

Le chef de station a la charge des cultes à la station et dans les villages voisins, et la surveillance des écoles et des plantations de la station. Il devrait être tenu de ne pas quitter la station un seul jour ; il doit avoir l'œil à tout, être prêt à répondre à chacun en tout temps. Son occupation la plus prosaïque consiste à tenir le marché. On ne peut acheter à prix d'argent les vivres dont nous avons besoin pour les écoles, pour les travailleurs et les pagayeurs, et pour nous-mêmes. Ce n'est que lorsque les indigènes savent qu'ils trouveront chez nous de bonnes marchandises, qu'ils nous apportent régulièrement du manioc, des bananes et du poisson séché. Aussi la station missionnaire est-elle tenue d'avoir un magasin. Deux ou trois fois par semaine, les indigènes arrivent avec du poisson et des produits de leur plantation. Ils échangent ce qu'ils ont apporté contre du sel, du pétrole, des clous, des engins de pêche, du tabac, des scies, des couteaux, des haches ou des tissus. Nous n'avons pas d'alcool. Toute la matinée, le chef de la station est occupé à ce travail. Et combien de temps passe-t-il à faire avec exactitude et en temps voulu les commandes en Europe, à tenir correctement les comptes, à faire la paie des pagayeurs et des ouvriers, à surveiller les plantations de la station ! Quelles pertes occasionne un manque de prévoyance ! S'agit-il de recouvrir un toit ? On n'a point une provision de feuilles de raphia séchées et toutes prêtes à être posées. Il faut bâtir, et l'on n'a ni poutres, ni planches, ou bien l'on a laissé passer la saison propice à la fabrication des briques ! On a oublié de remettre au fumoir la provision de poisson séché destinée aux enfants de l'école, et l'on découvre un beau matin que les vers s'y sont mis et qu'elle est perdue.

Selon la valeur de son chef, la station missionnaire obtient un gros rendement avec une dépense faible, ou un rendement faible avec une grosse dépense. Un exemple. L'une de nos stations avait eu à sa tête pendant plusieurs années successives des chefs peu experts en matière de plantation et qui n'avaient pas taillé correctement nos caféiers. Ceux-ci poussèrent en hauteur au point de ne fructifier que fort peu, et l'on ne pouvait plus y faire de récolte sans une échelle. Nous devons maintenant les couper au ras du sol. Il leur faudra plusieurs années pour repousser et produire du fruit en quantité normale.

Le chef de station est en outre chargé des enquêtes sur les larcins si fréquents. Cela lui donne l'occasion de développer, plus qu'il ne voudrait, ses talents de détective. Il doit également régler tous les palabres des indigènes de la station. Il s'efforcera de ne jamais y perdre patience. Durant des heures il devra écouter attentivement les disputes les plus oiseuses, sans quoi il ne serait pas le juge équitable.

Si des pirogues arrivent d'autres stations, il doit s'occuper de loger et de nourrir les pagayeurs. A peine la sirène du vapeur fluvial se fait-elle entendre, qu'il doit se rendre avec des pirogues au lieu de débarquement pour y prendre livraison du courrier et des caisses de marchandises.

Mais voici que l'on n'a pas apporté au marché des vivres

en quantité suffisante. Il s'agit d'envoyer des pirogues dans les villages plus éloignés, pour en ramener le nécessaire. Ce voyage peut durer deux à trois jours. Quelle besogne faut-il abandonner pendant le temps de l'absence des travailleurs employés comme pagayeurs ? Et peut-être que les pirogues reviendront à vide et qu'il faudra entreprendre un nouveau voyage dans une autre direction.

Quels travaux effroyablement prosaïques pour un homme qui est venu pour annoncer la religion de Jésus ! S'il n'avait pas à présider les cultes du matin et du soir à l'école et à prêcher le dimanche, le chef de station risquerait d'oublier qu'il est missionnaire. Mais son influence dépendra surtout de l'affabilité et de la douceur chrétiennes dont il fera preuve en ces besognes quotidiennes. Cette prédication par les actes a une importance décisive pour la vie spirituelle de la station.

Quelques mots sur les écoles. A cause des distances il est impossible d'avoir ici une école où les enfants se rendent chaque jour en classe tout en habitant chez leurs parents. Certains villages dépendant de la station de Lambaréné sont à une centaine de kilomètres, et même davantage. Aussi les enfants doivent-ils habiter la station. Leurs parents les amènent en octobre et viennent les reprendre en juillet, au moment où commencent les grandes campagnes de pêche. Pour payer leur nourriture, les enfants, garçons et filles, doivent quelque travail à la station.

Leur journée se déroule de la façon suivante : le matin de sept à neuf heures, ils sont occupés à la plantation et font du débroussage. Ce sont eux qui mènent la lutte contre la forêt vierge qui menace constamment d'envahir la plantation et la station. A peine ont-ils fini cette besogne sur un point du terrain qu'ils la recommencent ailleurs, où tout a repoussé pendant ce temps. De neuf à dix heures, repos. Abrités sous un grand toit, les élèves font cuire leurs bananes à la mode indigène ; autour de chaque marmite et de chaque foyer sont groupés cinq ou six enfants. Après le repas, leçons de dix heures à midi. La récréation, de midi à deux heures, se passe surtout au bain et à la pêche. Quand les classes de l'après-midi — de deux à quatre heures — sont terminées, les élèves ont encore une heure et demie de travail manuel. Ils aident à la plantation de cacaoyers ; les garçons prêtent leur concours au missionnaire-artisan, en préparant des briques, en transportant du matériel de construction ou en faisant des travaux de terrassement. Puis on leur distribue les vivres pour le jour suivant. Un peu après six heures a lieu le culte. Ensuite on prépare et l'on prend le repas du soir. A neuf heures on va au lit, c'est-à-dire sur les couchettes de bois abritées de moustiquaires. Le dimanche après-midi on organise des parties de pirogue, où l'institutrice a ses écolières comme pagayeurs. Pendant la saison sèche, on joue sur les bancs de sable.

La marche de l'école des garçons souffre du fait que, pour les tournées d'évangélisation du missionnaire ou d'autres courses indispensables en pirogue, les écoliers doivent l'accompagner comme pagayeurs, et sont parfois absents pendant une semaine ou même davantage. Quand aurons-nous sur chaque station un bon bateau à moteur ?

Le missionnaire doit-il posséder une instruction approfondie ? Oui. Plus sa vie intellectuelle et ses intérêts spirituels seront développés, mieux il supportera le séjour en Afrique. Dans le cas contraire, il court le risque de ne plus être à la hauteur de sa tâche. Cette altération se manifeste en ce qu'il perd de vue les principes essentiels de son œuvre, que son énergie intellectuelle s'affaiblit et qu'il en arrive à s'arrêter à des vétilles et à en discuter sans fin comme les noirs.

Une instruction théologique approfondie est également préférable à une instruction superficielle.

On peut cependant, suivant les circonstances, être un bon missionnaire, sans avoir étudié la théologie. Tel est le cas de M. Félix Faure qui dirige actuellement notre station. Il est ingénieur agronome et il est venu dans l'Ogooué pour s'occuper avant tout des plantations de la Mission. Mais ses talents d'évangéliste et de prédicateur firent qu'il est devenu avec le temps en premier lieu missionnaire et planteur seulement en second lieu.

Je ne suis pas entièrement d'accord avec la manière dont la Mission protestante d'ici pratique le baptême. On n'accueille dans la communauté chrétienne que ceux qui ont fourni des preuves de bonne conduite. C'est fort bien. Mais formons-nous ainsi une Eglise établie sur des bases sûres et larges ? Importe-t-il uniquement que les communautés se composent de membres aussi irréprochables que possible ? A mon avis il faut aussi penser à assurer aux paroisses un accroissement normal et régulier. Si nous baptisons les enfants de parents chrétiens, nous aurons des indigènes qui, dès leur enfance, appartiendront à l'Eglise, grandiront sous son influence et y demeureront. Il s'en trouvera certainement parmi eux qui déserteront le christianisme. Mais beaucoup d'autres deviendront des membres fidèles de la communauté, précisément parce qu'ils lui auront appartenu dès leur jeunesse et y auront trouvé une sauvegarde contre les dangers moraux qui les environnent. C'est ainsi que la question du baptême des enfants, qui a tant préoccupé l'Eglise des premiers siècles, redevient aujourd'hui une question actuelle pour la Mission. Mais si nous nous décidions à pratiquer dans l'Ogooué le baptême des enfants, nous aurions contre nous presque tous les évangélistes indigènes et les anciens des communautés.

Le problème le plus ardu pour la Mission chrétienne c'est qu'elle se manifeste sous deux formes différentes, catholique et protestante. Comme il serait plus beau de travailler au nom de Jésus, si cette différence n'existait pas et si les deux Eglises ne se faisaient pas concurrence ! Les missionnaires des deux confessions entretiennent dans l'Ogooué des rapports corrects, parfois même amicaux. Mais la rivalité, qui déconcerte les indigènes et nuit à la cause de l'Evangile, n'en subsiste pas moins.

En ma qualité de médecin, je me rends fréquemment aux stations de la Mission catholique, et je puis me faire une idée assez nette de la manière dont on y pratique l'évangélisation et l'instruction scolaire. Au point de vue de l'organisation, la Mission catholique me paraît, sur plus d'un point, supérieure à la Mission protestante. Si j'avais à marquer la différence entre les buts poursuivis par l'une et l'autre, je dirais que la Mission protestante vise surtout à former des personnalités chrétiennes, tandis que la Mission catholique cherche avant tout à fonder une Eglise solide. Le but poursuivi par la Mission protestante est le plus élevé ; mais il tient moins compte des réalités que la Mission catholique. Pour mener à bien une œuvre éducatrice durable, il faut une Eglise aux fondements solides, qui s'accroisse naturellement par les descendants des familles chrétiennes. C'est ce que l'histoire de l'Eglise de tous les temps nous enseigne. Or la grandeur comme aussi la faiblesse du protestantisme ne résident-elles pas dans le fait qu'il est trop une religion individuelle et pas assez une Eglise ?

J'ai le plus grand respect pour le travail commencé ici par les missionnaires américains et poursuivi par leurs successeurs français. Ils ont formé parmi les indigènes des caractères d'hommes et de chrétiens qui convaincraient les adversaires les plus déclarés des Missions des changements que peut accomplir l'enseignement de Jésus dans l'homme primitif. Mais on devrait disposer à présent des hommes et des ressources nécessaires pour créer de nouvelles stations dans l'intérieur et pour exercer une action éducatrice sur les indigènes, avant que n'y parvienne le commerce mondial avec les dangers et les problèmes qu'il comporte pour l'enfant de la nature.

Mais peut-on envisager actuellement de telles possibilités ? Qu'adviendra-t-il de la Mission après la guerre ? Comment les peuples ruinés de l'Europe pourront-ils continuer à assurer les ressources nécessaires aux entreprises spirituelles dans le monde ? De plus, la Mission a un caractère supranational comme le christianisme. Or la guerre a rendu pour longtemps toute activité supranationale impossible. Enfin, à cause de la guerre, les blancs ont beaucoup perdu de leur prestige moral sur les hommes de couleur, et les Missions en souffriront partout.

XI

CONCLUSION

Pendant quatre ans et demi, nous avons travaillé à Lambaréné.

La dernière année, nous pûmes passer au bord de la mer les mois pluvieux et chauds entre l'automne et le printemps. Un blanc, pris de pitié pour ma femme qui était à bout de forces, mit à notre disposition une maison située à l'embouchure de l'Ogooué, à deux heures de marche de Port-Gentil. En temps de paix, cette maison servait de logement à l'Européen gardien de ses radeaux ancrés en cet endroit ; mais elle est vide depuis que le commerce des bois est arrêté. Nous n'oublierons jamais cet acte de charité. Dans cette solitude, notre principale alimentation consistait en harengs que je pêchais dans la mer. On pourrait difficilement se faire une idée de la quantité de poissons qu'il y a dans la baie du cap Lopez.

Autour de la maison se trouvaient les cases qui servaient

d'habitation aux ouvriers, au temps où florissait le commerce des bois. A demi démolies, elles abritent maintenant des indigènes de passage. Deux jours après notre arrivée, j'allai voir si ces cases étaient habitées. Personne ne répondit à mes appels. J'en ouvris alors les portes, l'une après l'autre. Dans la dernière case, un homme gisait sur le sol, la tête presque enfouie dans le sable ; des fourmis couraient sur son corps. C'était un indigène atteint de la maladie du sommeil, qui avait été abandonné par les siens, probablement depuis plusieurs jours, parce qu'ils ne pouvaient plus le transporter. Bien qu'il respirât encore, il n'y avait plus rien à faire. Tout en m'occupant de ce malheureux, je considérais par la porte ouverte de la case le golfe bleu, d'une beauté féerique, bordé de vertes forêts, où le soleil couchant déversait ses rayons de feu. C'était une vision poignante d'embrasser d'un seul regard cette image paradisiaque et l'horrible misère de cet être humain.

De retour à Lambaréné, je trouvai beaucoup à faire. Mais le travail ne m'effrayait pas. J'étais bien reposé. Les dysentériques m'occupèrent beaucoup à cette époque-là. Des porteurs avaient été recrutés dans notre région pour les colonnes militaires qui opéraient au Cameroun. Beaucoup d'entre eux revinrent infectés de dysenterie amibienne. Les injections sous-cutanées d'émétine agirent très efficacement. Un de mes malades, nommé Basile, qui souffrait d'un mauvais ulcère du pied, s'était engagé volontairement lors de cette levée de porteurs, afin de ne pas se séparer de son frère, obligé de partir. Je lui représentai qu'il serait contraint de se coucher au bord du chemin, au bout de quatre jours, et qu'il mourrait dans la forêt. Mais je ne réussis pas à le dissuader de son projet. Je dus presque le retenir de force. Je me trouvais par hasard à N'Gômô le jour où un convoi de porteurs fut embarqué sur le vapeur fluvial pour être transporté au Cameroun par voie de mer. A ce moment les indigènes commencèrent à réaliser ce qu'était la guerre. Les femmes se lamentaient au départ du vapeur, dont la fumée disparut bientôt au loin. Les gens s'étaient dispersés. Assise sur une pierre au bord de l'eau, une vieille femme, dont le fils unique avait été emmené, pleurait doucement. Je la pris par la main et cherchai à la consoler. Mais elle continuait à pleurer, comme si elle ne m'entendait pas. Tout d'un coup je m'aperçus que je pleurais avec elle ; silencieusement, sous les rayons du soleil couchant, je pleurais.

A cette même époque, je lus un article de journal qui exposait qu'il y aurait toujours des guerres, parce qu'on ne pourrait jamais déraciner du cœur humain ses nobles aspirations à la gloire. Ces glorificateurs de la guerre la voient peut-être idéalisée en quelque sorte par l'enthousiasme ou le sentiment de légitime défense. Mais leur exaltation tomberait peut-être, s'ils faisaient une seule journée de marche par les sentiers de la forêt vierge, sur l'un des théâtres de la guerre en Afrique. Ils rencontreraient à chaque instant les cadavres des porteurs qui ont succombé sous leur fardeau. Ces victimes innocentes, parties sans enthousiasme, dans l'obscurité et le silence de la forêt vierge, leur feraient comprendre ce qu'est réellement la guerre.

A quelles conclusions les expériences de ces quatre ans et demi m'ont-elles conduit ? J'ai vu se confirmer à tous les égards le bien-fondé des raisons qui m'ont amené à abandonner la science et l'art pour me rendre dans la forêt vierge. Mes amis tentaient de me retenir en Europe en me disant :

« Les indigènes, qui vivent au sein de la nature, n'ont pas autant de maladies que nous et ne ressentent pas comme nous la douleur. »

Or j'ai constaté qu'il n'en est rien. J'ai vu là-bas la plupart des maladies que nous connaissons en Europe, et certaines d'entre elles, celles que nous y avons apportées, y causent, si possible, plus de mal que chez nous. Et quant à la douleur, elle est aussi vivement ressentie par les noirs que par nous, car tout être humain est soumis à la puissance du maître redoutable qui se nomme la souffrance.

La misère physique est partout immense en Afrique. Avons-nous le droit de fermer les yeux devant elle et de l'ignorer, parce que les journaux d'Europe n'en parlent pas ? Nous sommes des privilégiés. Quand, chez nous, quelqu'un tombe malade, on appelle immédiatement le médecin. Est-il nécessaire d'opérer ? Les portes d'une clinique s'ouvrent aussitôt. Mais que l'on se représente ces millions d'êtres humains qui souffrent là-bas, sans espoir de secours. Chaque jour, des milliers et des milliers de pauvres créatures sont livrées à d'intolérables souffrances dont l'art médical pourrait les affranchir.

Chaque jour, d'innombrables cases sont le théâtre d'un désespoir auquel nous pourrions mettre fin. Que chacun essaie de se représer er ce qui, pendant les dix dernières années, se serait passé dans sa famille, si l'on avait dû vivre sans médecin ! Nous devons nous réveiller de notre engourdissement et regarder nos responsabilités en face.

Si je considère que ma tâche est de lutter pour la cause des malades dans les contrées lointaines, c'est que j'obéis à la charité que Jésus et la religion en général me prescrivent. J'en appelle cependant aux arguments les plus élémentaires. Le secours qu'il faut prodiguer aux hommes de couleur ne doit pas nous apparaître comme une bonne œuvre, mais comme un impérieux devoir.

Comment les blancs de toutes nations ont-ils agi à l'égard des indigènes depuis la découverte des terres nouvelles ? Que signifie à lui seul ce fait que là où des Européens, parés du nom de Jésus, sont parvenus, un si grand nombre de peuples ont déjà disparu, d'autres sont en train de disparaître ou diminuent constamment ? Qui décrira les injustices et les cruautés commises au cours des siècles par les peuples de l'Europe ? Qui pourra jamais évaluer les maux causés par l'eau-de-vie et les maladies que nous leur avons apportées ?

S'il existait un livre qui consignât tous les faits qui se sont passés entre blancs et peuples de couleur, il y aurait bien des pages que nous préférerions tourner sans les lire, parce qu'elles contiennent trop de choses que nous avons à nous reprocher.

Une dette pèse sur nous et sur notre civilisation. Nous ne sommes pas libres de choisir si nous voulons, oui ou non, faire du bien aux hommes de couleur ; nous le devons. Le bien que nous leur faisons est un acte, non de charité, mais de réparation. Pour chaque homme qui a fait souffrir, il en faut un qui parte et porte secours. Et quand nous aurons fait tout ce qui est en notre pouvoir, nous n'aurons réparé qu'une petite partie des fautes commises. Tels doivent être les principes essentiels de toutes les œuvres philanthropiques dans les contrées lointaines.

Les nations qui possèdent des colonies doivent savoir qu'elles se sont ainsi chargées vis-à-vis de leurs populations d'une responsabilité au point de vue humanitaire. Les Etats ont certes l'obligation de contribuer en tant qu'Etats à l'œuvre à faire. Mais ils ne peuvent l'accomplir que si la société civilisée en a conscience. En outre, l'Etat est à jamais incapable de s'acquitter seul de ces devoirs humanitaires, parce qu'ils relèvent essentiellement de la société et des individus.

L'Etat peut envoyer dans ses colonies autant de médecins qu'il a à sa disposition, et que le budget de la colonie le permet. On sait que de grandes puissances coloniales n'ont pas même assez de médecins pour pourvoir les formations sanitaires déjà créées et qui sont d'ailleurs loin de suffire. La plus grande part de cette œuvre médicale humanitaire revient donc à la société et à l'individu. Il nous faut aussi des médecins qui se rendent volontairement auprès des indigènes et qui acceptent, en des postes perdus, la vie difficile sous un climat dangereux, et tout ce que comporte l'éloignement de la patrie et de la civilisation. Je puis leur certifier par expérience qu'ils trouveront, dans le bien qu'ils pourront accomplir, une large compensation à tout ce qu'ils auront abandonné.

Mais ils ne parviendront pas, en général, à couvrir tous les frais de leur activité et de leur entretien au milieu des indigènes. Ils ont donc besoin de trouver en Europe des personnes disposées à leur fournir ce qu'il leur faut. Cela nous regarde tous. Mais, avant que cette tâche soit comprise et adoptée par tous, qui commencera ? La confrérie de ceux qui ont été marqués du sceau de la souffrance.

Quels sont-ils ?

Ceux qui ont connu l'angoisse et la douleur physique sont unis, dans le monde entier, par un lien mystérieux. Chacun d'eux connaît les lois inexorables auxquelles l'homme peut être soumis et l'aspiration à la délivrance des douleurs. Que celui qui a été libéré de la souffrance ne pense point qu'il est de nouveau libre et qu'il peut rentrer dans la vie ordinaire comme si rien ne s'était passé.

Il a fait connaissance avec la souffrance et l'angoisse, il doit maintenant aller au-devant de la souffrance et de l'angoisse et contribuer, dans la mesure où la puissance humaine peut agir, au salut d'autrui, comme il a été lui-même sauvé.

Quiconque a été sauvé d'une grave maladie par un traitement médical, doit contribuer à procurer le secours dont il a bénéficié à ceux auxquels il fait encore défaut. Quiconque a été préservé de la mort ou des tortures de la souffrance par une opération chirurgicale, doit offrir son aide à ceux qui vivent sous l'empire de la mort et de la douleur afin que le bienfaisant anesthésique et le bistouri secourable puissent y commencer leur œuvre.

Que toute mère qui, grâce au secours du médecin, possède encore son enfant au lieu de l'avoir couché dans la tombe, pense à la pauvre mère qui n'a pas pu, comme elle, être épargnée, parce qu'elle n'avait point de médecin.

Que ceux qui ont entouré un des leurs dans l'agonie qui aurait été atroce sans le secours du médecin contribuent à procurer là-bas à des mourants le même apaisement.

Telle est la confrérie de ceux qui ont été marqués du sceau de la souffrance. A eux incombe en première ligne l'œuvre humanitaire dans les colonies. Elle naîtra, cette œuvre, des dons qu'ils feront par reconnaissance. Les médecins qui partiront seront leurs mandataires pour accomplir auprès des malheureux des terres lointaines ce qui doit être accompli au nom de la civilisation humaine.

Tôt ou tard, l'idée que j'énonce ici conquerra le monde, parce qu'elle s'impose, avec une logique impitoyable, à la pensée et au cœur de l'homme.

Mais le moment est-il bien choisi pour lancer cette idée ? L'Europe est ruinée et misérable. Et il y a tant de misères à soulager dans notre entourage immédiat.

La vérité n'a pas d'heure. Elle est de tous les temps, même et surtout lorsqu'elle nous apparaît inopportune. La préoccupation des souffrances proches et celle des souffrances lointaines ne sont pas incompatibles, pourvu qu'elles arrachent toutes deux un bon nombre de personnes à leur indifférence et fassent surgir un esprit nouveau dans l'humanité.

Qu'on ne vienne pas me dire : « Si cette confrérie envoie un médecin ici, un autre là, qu'est-ce en comparaison de toutes les misères humaines ? » Ma propre expérience et celle de tous les médecins coloniaux me permettent de répondre qu'un seul médecin, même avec de très modestes ressources, a une grande valeur pour une quantité de malheureux. Le bien qu'il peut faire dépasse ce qu'il y consacre de sa vie et la valeur des ressources que l'on met à sa disposition. La quinine et l'arsenic contre le paludisme, le novarsénobenzol contre les maladies qui provoquent des ulcères, l'émétine contre la dysenterie, les moyens et les connaissances dont le médecin dispose pour opérer d'urgence : voilà qui lui donne le pouvoir de délivrer de la souffrance et de la mort, en une année, des centaines d'êtres humains qui, sans lui, seraient abandonnés à leur triste sort. La science des maladies tropicales a fait, depuis une quinzaine d'années, de tels progrès, qu'elle a mis entre nos mains une puissance qui tient du prodige, pour soulager les nombreuses souffrances de nos frères des contrées lointaines. Ne faut-il pas voir, dans ces progrès mêmes, un appel qui nous est adressé ?

Quant à moi, ma santé, chancelante depuis 1918, a été rétablie par deux opérations. Mes concerts d'orgue et mes conférences m'ont permis de payer les dettes contractées pour mon œuvre pendant la guerre. Je puis donc me décider à reprendre mon activité parmi les malheureux de la terre lointaine. Il est vrai que la guerre a fait écrouler l'œuvre telle que je l'avais fondée. Des amis de nationalités diverses qui s'étaient unis pour la soutenir, sont séparés maintenant et pour longtemps par les récents événements mondiaux. Plusieurs de ceux qui voudraient pouvoir nous aider encore ont été appauvris par la guerre. Si modestes que soient mes projets, il sera difficile de recueillir la somme nécessaire, d'autant plus qu'elle devra être bien plus considérable qu'auparavant, car les frais ont triplé.

Je demeure quand même plein de courage, à cause des misères que j'ai vues. Et ma confiance est inébranlable, parce que j'ai foi en l'humanité. Je veux croire que je rencontrerai assez d'êtres humains qui, sauvés eux-mêmes de quelque misère physique, voudront exprimer leur reconnaissance en donnant pour ceux qui souffrent des mêmes misères. Puissions-nous être bientôt plusieurs médecins envoyés aux quatre coins de l'horizon par la confrérie de ceux que la douleur a marqués de son sceau.

Strasbourg, 1923.

TABLE DES MATIÈRES

Pages.

Préface 9

I. Comment je devins médecin dans la forêt vierge.
La région de l'Ogooué et ses habitants........ 15

II. Le voyage 25

III. Impressions et expériences du début.. 47

IV. De juillet 1913 a janvier 1914................. 59

V. De janvier a juin 1914...................... 93

VI. Les exploitants forestiers................ 121

VII. Problèmes sociaux de la forêt vierge........... 141

VIII. Noel 1914 169

IX. Noel 1915 177

X. De la Mission............................. 189

XI. Conclusion 207

La reproduction photomécanique de ce livre
a été réalisée par l'Imprimerie BUSSIÈRE,
l'impression et le brochage ont été effectués
sur presse CAMERON dans les ateliers de B.C.I.,
à Saint-Amand-Montrond (Cher),
pour le compte des Éditions Albin Michel.

Achevé d'imprimer en mai 1995.
N° d'édition : 14632. N° d'impression : 1/1297.
Dépôt légal : juin 1995.